付出不亚于任何人的努力

助力事业的『心』领导

日本 稻盛资料馆／编 周征文／译

稻盛和夫／口述

人民东方出版传媒
People's Oriental Publishing & Media

东方出版社
The Oriental Press

图书在版编目（CIP）数据

付出不亚于任何人的努力：助力事业的"心"领导 /（日）稻盛和夫 述；日本稻盛资料馆 编；周征文 译 . —北京：东方出版社，2020.10
ISBN 978-7-5207-1658-1

Ⅰ.①付… Ⅱ.①稻… ②日… ③周… Ⅲ.①稻盛和夫（Kazuo, Inamori 1932- ）—企业管理—经验 Ⅳ.① F279.313.3

中国版本图书馆 CIP 数据核字（2020）第 156642 号

本书中文简体字版权由汉和国际（香港）有限公司代理
中文简体字版专有权属东方出版社
著作权合同登记号 图字：01-2020-3767 号

付出不亚于任何人的努力：助力事业的"心"领导（精装版）
（FUCHU BUYAYU RENHEREN DE NULI: ZHULI SHIYE DE XIN LINGDAO）

述　者：[日]稻盛和夫
编　者：日本 稻盛资料馆
译　者：周征文
责任编辑：贺　方
出　版：东方出版社
发　行：人民东方出版传媒有限公司
地　址：北京市西城区北三环中路6号
邮　编：100120
印　刷：北京联兴盛业印刷股份有限公司
版　次：2020 年 10 月第 1 版
印　次：2021 年 4 月第 2 次印刷
印　数：10 001—13 000 册
开　本：787 毫米 ×1092 毫米　1/32
印　张：7
字　数：91 千字
书　号：ISBN 978-7-5207-1658-1
定　价：68.00 元
发行电话：（010）85924663　85924644　85924641

自　序
PREFACE

　　当今社会变化巨大，对领导者而言尤其不易，可谓"领导者受难的时代"。

　　纵观如今的组织和集体，其成员的国籍、经历和价值观趋向多元化，作为与时俱进的领导者，必须努力使全体成员做到"矢量一致"。此外，领导者既要确保下级服从命令和管理，又要杜绝诸如"权力霸凌"和"性骚扰"等不和谐的职场现象，从而以恰当合理且行之有效的方式指导下属。再加上当下大环境提倡"改革工作方式""少加班甚至不加班"，因此领导者还必须教会员工如何在有限的时间内完成工作任务。

　　面对如此激烈的变化，领导者首先自己要有"定力"，不要被环境所左右，要勿忘初心。越是身处这种时代，就越要具备普遍性的判断基准，提出明确方针，带领员工朝目标迈进。但据我耳闻，现在有越来越多的领导者对自己的领导能力缺乏自信。

因此，我认为现在正是回归原点的时机，即从根本上探讨何为领导者、何为领导者应有的特质。并且更进一步，探究"如何发挥领导能力"这一实践性课题。

本书是PHP研究所经营理念研究总部和京瓷集团稻盛资料馆的合作结晶，双方结成的"共同研究会"将本书编辑出版。PHP研究所是一家为社会贡献颇多的出版社，松下幸之助先生的演讲集是其代表性出版物。而稻盛资料馆的同人们则以向PHP研究所学习经验、增长见识为目的，从而开办了研究会，本书可谓该研究活动的产物。

从2010年2月起，历时大约4年，研究会共计召开了27次。"共同研究会"在我浩繁的演讲内容中浏览分析，从中抽取了他们认为"应该告知当今领导者"的素材，受众从组织的初级管理者到企业的经营者，并且尽量保留这些素材的口语化叙述。在这样的努力下，这本较为

"接地气"的"领导者读本"得以编纂而成。

起初我并未想过将其正式出版，但PHP研究所的清水卓智社长写信劝我道："纵观当下，不够格乃至不称职的领导者并不少见，因而导致企业和组织陷入困局的事例亦屡见不鲜。为了教导这些今后要担负国家命运的年轻领导者，我觉得应该将稻盛哲学的思想和理念告诉他们。"面对此般厚意，我最终决定将这涉及公司内部情况的读本公之于众，旨在为新时代的年轻领导者解惑一二。

本书所收录的演讲皆为我的发言，当时的听众包括京瓷公司内和公司外的领导者。凡是在人前讲话，我都会杜绝空谈，努力讲述自己亲身经历的经营困难和人生课题，尽量基于自身感受，以"灵魂发声"的真诚态度传达我的思想和理念。

因此，本书可谓我发自肺腑的"真性情演讲录"，希望能成为各位读者眼中"充满临场感"的"领导能力指南"。

2010年2月1日，当时的JAL（日本航空）风雨飘摇，二次破产的危机似乎都已逼近，但我毅然临危受命，出任会长，着手其重建工作。承蒙日航32000名员工的努力和奉献，企业在2012年重新挂牌上市。不仅如此，日航还浴火重生为业内赢利能力居于世界前列的航空公司。

当初，为了让日航重振旗鼓，不仅限于企业高管，包括飞行员、空勤、维护、地勤等部门的负责人，都必须听取我在本书中所讲的思维方式和理念，并由此开展意识改革。通过该举措，日航各部门和职场的领导者的意识和行动朝着积极正面的方向不断进化。以此为契机，日航浴火重生。在外人眼中，这简直就是一个奇迹。

因此我坚信，对于身居一线、吃苦在前、诸事烦扰的当今领导者而言，本书亦有裨益。

在我的建议下，本书的书名定为《付出不亚于任何人的努力》。这句话是我总结的"京瓷哲学"中最具根本性的条目。此外，在我归纳的企业经营要义"经营十二条"以及人生要义"六项精进"中，其都是不可遗漏的内容。

而最重要的是，它可谓我迄今人生历程的心得总结，其直接且明了。我既非天赋异禀，也非能力过人，回顾过去的八十余载，我无非一直在践行这句话而已。

努力的人数不胜数，但大多半途而废或止于平均程度。若心怀崇高目标，并立志实现，就必须进行艰苦卓绝的奋斗。更何况当今环境激变，作为组织或企业的领导者肩负重任，他们必须团结成员，克服困难，保增长，促发展。为此，他们必须付出超乎常人的努力。

相信本书的读者中既有活跃在各岗位上的领导者，也有在将来会担任领导的栋梁之材。在本序言的最后，我由衷希望各位能够率先垂范，在人生和事业中以身作则地"付出不亚于任何人的努力"。此外，我还殷切期望优秀的管理人才辈出，从而激活组织和企业，招募和聘用更多的员工，实现他们物质和精神两方面的幸福。

京瓷名誉会长　稻盛和夫

2018 年 12 月

目 录

CONTENTS

付出不亚于任何人的努力

付出不亚于任何人的努力

第一章

心念成真

1 持续抱有渗透到潜意识的强烈愿望

心中描绘理想，指出具体目标。为了达成目标，不断在脑中模拟战略战术。通过这种持续的思维操练，就能逐渐看清结果，甚至能够在脑中浮现出进展顺利、达成目标以及自己欢欣喜悦的具体影像。

但凡优秀的领导者，都能够描绘出集团应有的蓝图、制定出集团的目标。比如日本首相，就应该描绘出日本这个国家应有的理想蓝图。所谓应有的蓝图，即理想的状态。倘若做不到这一点，便称不上领导者。

在座各位在各自的职场中都是管理者，因此必须清楚理想的职场应该是什么样的，必须清楚什么才是管理下属的理想方式。如果无法描绘出这种理想蓝图，就等于丧失了当领导的资格。

前面说过，所谓应有的蓝图，即理想蓝图，即奋斗目标。这里的目标并不仅仅指销售额或者利润之类的单纯数值，还应该包括员工的士气、生活态度，以及今年、明年乃至长期的宏伟目标。所谓领导者,必须在各方面拥有蓝图和目标,且不可沦为抽象概念,并应向员工指出实际的行动纲领,让员工能够以可操作的方式,向着具体目标迈进。

接下来需要的是达成目标的手段。身为领导者,必须不断具体思考达成目标的各种方法和手段。至于何为"具体思考",就是指为达成目标,不断在脑中模拟战略战术。

仅仅思考一回可不行,必须反复模拟。"可以这么做""可以那么做""这样似乎行不通""下次试试那种方法"……要以这样的方式不断探索。

通过这种持续的思维操练,就能逐渐看清结果。明明还未行动,却在思考的过程中拨云见日,甚至能够在脑中生动浮现出达成目标时的喜悦情景。换言之,对于应有的蓝图、理想蓝图,以及达成目标时的喜悦,能够做到拥有具体的"画面感"。

一旦做到这一点，在行动过程中便能够充满自信。这是一种坚信"我能"的信念，一种不可名状的境界。我一直强调的"看清"，指的就是这种状态。

我一直强调"要持续抱有渗透到潜意识的强烈愿望"，其实就是刚才说的那种境界。为了追求理想，不断思考，直至渗透到潜意识，人就会自觉地朝着目标迈进。

而领导者的另一大重要特质就是"动员力"，光自己达到上述境界还不够，必须向周围的人明示目标，向集团全员传达自己在脑中模拟的愿景，并且使他们树立必定成功的信心。换言之，领导者应该营造出一种积极的氛围，让集团全员对于事业和目标抱有乐观的态度，这一点至关重要。

成长的企业和低迷的企业，二者的内部氛围截然不同。后者的员工大多悲观，不管做什么项目，半数以上的人都觉得前途堪忧。在体育界亦是如此，强队愈强，因为他们有取胜的"瘾"，从没想过要输。换言之，强队之所以能成为强队，一是战绩实力，二是坚定自信。

当然，倘若没有战绩的背书，自然无法拥有自信。而一旦拥有优秀战绩的支撑，再加上相信自己能赢的"气场"，一支强队便形成了。反之，屡战屡败的队伍，其队员往往会在比赛前便心生怯意，觉得自己可能又会输，而这样就真的会输。所以说，我们要当习惯赢的队伍，而不要当习惯输的队伍。

（1991 年）

付出不亚于任何人的努力

> 心念拥有强大的力量。我们应有"无论如何都要成功"的热情。一旦这样的心念如蒸汽般升腾，又如露水般凝结，则万难皆除。

我认为，只要一心念想，就会产生强大能量。念即思，佛教称其为"思念"，并认为"思念造业"。换言之，心中所思所念具有业力，会发散出不可思议的能量。比如在恋爱受挫或亲人患重病时，我们常常会心中烦忧，虽然这只是一种心理活动，却会导致人憔悴消瘦，可见心念并不可轻视。当一个人心怀强烈愿望或者灵魂受到震撼时，便会激发出人类固有的最强能量。

以我们的日常生活为例，如果平时心怀不轨，人就会发出负面的"心念电波"；如果平时心境清澈，人就会发出正面的"心念电波"。有时和一个人初次见面，却自然而然地对其抱有好感和善意，这并非由于对方的谈吐或面相，而是因为接收到了对方发出的"心念电波"。有时两个人一见如故，也是双方"心念电波"合拍的缘故。

可见人的心念能够释放出巨大能量。

这些是我在研究、开发和发明过程中的切身体验，因此想在这里和大家讲一讲。在我的专业领域，比我学识高、理论精的同行数不胜数，但在同时开展一项研发工作时，其最后的瓶颈或壁垒却经常被我所突破。可见研发并不光靠聪明的头脑，也并非仅凭精密的逻辑。在这些特质之外，还有一个重要的因素。在我看来，正因为该因素力量巨大，所以每个人的能力和成就各异。

我一直对自己公司里的研发人员强调："我不管你们有多聪明，倘若固守眼前的研究，绝对无法取得新成果。"我要求他们必须拥有"非成功不可"的热情。这份热情便是前面提到的重要因素。公司同人都在翘首期盼自己的研发成果，因此自己必须出成果。这份热情和心念如蒸汽般升腾，又如露水般凝结。这样一来，困难就会迎刃而解。

我觉得可以称这种体验为幸运或者灵感。纵观为人类做出卓越贡献的发明家和科学家，其无一不借用灵感的力量。在开展研发工作时，起初依靠习得的知识进行理性思考，但这样势必会遭遇瓶颈和困难。而在思索解决方法时，各种创意和想象便会在脑中浮现。如果依旧行不通，便持续苦苦寻思，最后被逼至绝境时，一种天启、开悟，或者说灵感突然不期而至。这样的过程和体验，使得一些人做到了常人做不到的事情。

（1984 年）

3 描绘远大梦想

一旦在心中认定失败，那么现实就真的会走向失败。越是处于逆境，就越要描绘远大梦想，并使整个组织的精神状态焕然一新。这才是合格的领导者应具备的特质。

前几天，我召集各零售店的负责人，对他们提出了"销售额翻番"的目标。

在大家心里，这个"翻番"的目标究竟是低了还是高了呢？这时心态其实非常关键。人们往往趋向于妄自菲薄。比如当销售额一直不见起色时，就很难相信自己能够实现宏大目标。

如果大家乐观面对，认为"翻番简直是小菜一碟"，那么就一定能够达成目标。反之，如果把它看得很难，即便每日努力，与去年相比，销售额恐怕也不能显著增加。凡是业绩好的销售部门，从领导到下属，大家都满怀信心，认为"这样干下去准行"。

付出不亚于任何人的努力

如果明明奋斗了却不见业绩增长，明明努力了却没换来销售额提升，那势必是因为心中尚存怯意，觉得"要翻番实在太难"。

换言之，我的意思是，身为领导者，如果不能改变自己的心态，业绩便绝对无法提升。既然觉得销售额提升至两倍很难，那么干脆就把目标定为四倍增长。一般来说，如果觉得目标过高，那么就降低它，但我给大家的建议是"逆向疗法"——反正觉得很难实现，那么干脆就定为四倍，说不定还能完成一半呢。

这听起来似乎有点滑稽，但人的心理就是如此微妙。一旦觉得自己不行，那就真的不行了。所以说，觉得自己无法达成倍增的人，干脆就把目标定成四倍。如果相信自己能够达成倍增，那定不定四倍也无所谓了。我想强调的是，如果觉得倍增是个遥远的目标，是个不曾想过的数字，那么就定四倍好了。

像这样描绘远大梦想，正是领导者该做的事情。以我为例，倘若我"胸无大志"，在宣布目标计划时对员工们说："今年咱们的总销售额是 2000 亿日元，我明年的目标是增长 5%，虽然这也挺难的。"大家可以想象，员工的精神状态会如何？如果我不是企业家、不是管理者，其实如此保守和求稳也没关系，但既然身为企业的领导者，就必须有发出豪言壮语的勇气，所以我对员工说："今年既然有 2000 亿日元，明年就要完成 1 兆日元的销售额。"

1 兆日元，这听起来似乎是天方夜谭，但身为领导者，却决不能畏畏缩缩。前段时间，我召集公司干部，发表了"来年销售额 1 兆日元"的目标。结果他们非常震惊，传来一片"啊？！"的声音，于是我说道："啊什么啊？1 兆只不过是 2000 亿的五倍而已。"大家听清楚了，我用了"只不过"的字眼，这样感觉 1 兆也并非那么遥不可及了。如果没有这种认定"我能"的自信，是绝对达不成目标的。

昨天是"别府大分每日马拉松"（别府大分每日马拉

付出不亚于任何人的努力

松，是路线途经日本别府市和大分市的马拉松比赛，每年2月举办，由于日本每日报社和RKB每日广播电视公司是主办方成员，因此冠名为别府大分每日马拉松。——译者注）的日子，我们公司田径部的教练也参加了。他今年已经37岁，是所有参赛选手中最年长的。他在田径部兢兢业业地培养年轻苗子，但目前仍未出成果，因此只能亲自上场。在前30公里内，他一直跑在第一梯队，但后来体能逐渐下降，最后第八个冲过终点。即便如此，他依然跑出了2小时14分钟的好成绩。

现场的播报员和解说员都十分震惊，他们不断感叹"（那位教练）依旧在奔跑"！这位田径部的教练曾经两次夺得"别府大分每日马拉松"的冠军。一般来说，马拉松选手在32岁或33岁之前便会隐退，可他却在37岁时仍然立志再拿冠军，以坚韧不拔的精神，为年轻选手树立了榜样。他最后虽然没能夺冠，但也进入了八强，可谓非常努力了。

而经营企业，正如这马拉松比赛。经过折回点，总计跑了 25 公里至 30 公里时，所有人都会感到筋疲力尽。先前一直处于第一梯队的人也会放慢脚步，于是不断有人掉离第一梯队，最后只剩两三个人跑在最前面。换言之，25 公里至 30 公里处是关键，如果能够心想"今天状态不错，我还可以跟上"，就真的会感觉脚步变轻快了。反之，如果心想"脚都发软了，我不行了"，那就真的会被落下，接着被后来的人纷纷超过，等到抵达终点时，原本在前 30 公里属于第一梯队的选手，最后竟掉到 20 名左右。这样的例子数不胜数。所以说人的心态很重要，一旦觉得自己不行，那就真的会不行。

说了这么多，其实我的意思是，不管把销售目标定为两倍还是几倍，关键在于各位当领导的心态。如果觉得"翻番简直是小菜一碟"，那么这份自信就会渗透至下属心中。反之，如果自己都觉得"翻番无法实现"，那么这份胆怯也会影响到下属。而下属一旦缺乏信心，跑客户也很难有所成效。

纵观业绩不佳的公司，上至干部，下至普通员工，

　　　　　　　付出不亚于任何人的努力

往往都畏缩不前。一旦畏缩不前，就会变得缺乏信心。哪怕业绩有所恢复，增幅也不会很大。在这种情况下，应该彻底改变心态。比如可以对自己说"我已经今非昔比，我现在信心爆棚"。

（1984 年）

4　极度认真地思考

从早到晚，一天 24 小时，持续思考达成目标的方略。领导者这种"极度认真"的态度，便是达成目标的关键所在。

人生也好，事业也罢，我认为其实都能够心想事成。关键在于这份心念是否够强烈。如果只是心怀愿望却不够强烈，那它必定无法实现。换言之，必须抱有"非实现不可"的强烈意志。

领导者作为众人之首，肩负引导整个集团迈向幸福的责任。也正因为如此，一旦定下目标，不管遭遇何种困难，领导者都决不能放弃。要由里至外都在释放一种"气场"，一种对目标近乎执念的气场。

毫不夸张地说，一个集团的未来，取决于其领导者的意志。意志有多强，整个集团达成目标的可能性就有多高。

付出不亚于任何人的努力

以京瓷为例，每个部门即一个"阿米巴"单位，一旦立下新一年的销售额目标（一年的基本经营计划），不管遇到何种意外的阻碍，都要完成计划和目标。这种坚如磐石的意志至关重要。

反之，意志薄弱的领导者即便定下目标，之后一旦出现经济下行等意外情况时，其首先想到的不是付出不亚于任何人的努力去克服困难，而是以困难为借口去修改目标。

更有甚者，由于觉得反复修改目标不合适，于是干脆在制订目标的阶段就只定下一个容易实现的小目标。倘若领导者如此缺乏魄力和意志，那么集团的发展便无从谈起。

心怀"无论如何都要实现"的强烈愿望，具备"无论如何都要完成"的强烈责任感，再加上能够感染下属的满腔热情，能够以这样的特质和态度去挑战目标的人，才是合格的领导者。

拥有渗透到潜意识的强烈愿望，一心以实现目标为己任，从早到晚，一天 24 小时持续思考达成目标的方略，领导者这种"极度认真"的态度，便是达成目标的关键所在。

　　那么问题来了，这种"极度认真"的态度，究竟源于何处呢？

　　在我看来，其直接来源于灵魂深处。它犹如发自内心的"灵魂呼唤"，是一种信念的体现。这种"无论如何都要实现"的执着，强烈到似乎要把自己逼至绝路一般。但作为领导者，就需要这种精神。

　　此外，领导者还必须与下属共享自己的目标和意志。如果仅靠一两次提及，自然无法让集团全员真正理解领导者的想法。必须反复讲、彻底讲，让自己的言语如能量般迸发，从而使下属的意愿和热情提升至与自己相同的水平。

　　关于这种实现目标的心境，我所尊敬的哲学家中村

　　　　　　　　　付出不亚于任何人的努力

天风先生曾有过十分贴切的描述。

他说："新计划之成就只在不屈不挠之心，以此集中心力，理想高远，憧憬宏大。应一心不乱，愿景崇高，意志坚定。"（出处：中村天风著《研心抄》）

他所说的"新计划"，我们可以理解为目标或企业的经营计划。要想实现目标和计划，就必须拥有"不屈不挠之心"，不管发生什么，都决不气馁言败。

而为了具备这样的精神，就需要时时提醒自己，以强烈的热情，在心中持续描绘崇高的愿景和蓝图。换言之，要去除"也许无法完成"之类的怯意和疑念，不断强化"无论如何也要实现"的意志，且保持高尚、坚定、专注的态度。这样一来，目标势必能够达成。

而达成目标后的自信和满足，则能升华各位的人生，使各位的人生变得更加精彩纷呈。

所以说，人生也好，事业也罢，其实都能够心想事成。我衷心希望各位能够意志坚定，达成各自人生和事业的目标，并打造优秀的企业，度过更为精彩纷呈的人生。

（2006 年）

付出不亚于任何人的努力

5 以纯粹之心发愿

心怀强烈愿望，加之不懈努力，便能获得成功。描绘愿景的心灵越是美丽，心境越是清澈，则成功的概率越高。而以这种纯粹之心为基础的企业经营方式，必能将企业带向成功之路。

自私的人只顾自身利益，从不考虑他人。这种一心利己、自私自利者，也能得偿所望。比如一心念想"不择手段也要成为亿万富翁"，只要拼命努力，也能获得成功。换言之，不管心灵是美丽还是丑陋，描绘的愿景皆有实现的可能。但区别在于，后者即便实现，也难以长久。最后势必会由于其丑陋的心灵和邪念而导致梦想或成就破灭。

一般来说，大多数人的愿望往往关乎自己，比如想过好日子、想发财等。至于企业家，过半数的创业动机也都是想赚钱。但企业家或管理者好歹手下有一帮员工，但凡有点儿良心的人，就不可能只顾着自己了。于是，"希望公司业务顺利，从而提高员工福利"之类的利他思

想就会自然地涌出。当然，也包括让自己和自己的家人幸福。

记得当年京瓷创立后不久，我们招了20多名新员工。当我得知日本企业必须"保障员工一辈子的生活"时，我下定决心把"追求全体员工物质和精神两方面的幸福"定为公司的经营理念。

让京瓷员工在60岁退休时，不后悔为公司奉献了青春岁月。为了该目标，我开始拼命努力地埋头于经营。一努力致力于经营，业务就得到增长。而随着业务增长，就必须雇用更多的人。原本养活20多人就捉襟见肘的小企业，员工数渐渐增至50，为了养活这50号人，我更加拼命努力。于是业务进一步增长，公司的员工增至百人，后来到千人，直至3万人。起初觉得养活20多人都够呛，可最后仅日本员工就增至15000人，还有15000名海外员工。换言之，我与许多人都素未谋面，却要保障他们的生活。

但既然决定要"追求全体员工物质和精神两方面的

付出不亚于任何人的努力

幸福"，就必须让公司经得起经济萧条的风浪，必须打造稳健的财务体质。为此，我不停思索，提出方案。我的这种愿望绝非出于利己之心，而是基于利他思想，包含一种为他人做贡献的爱心和关怀。而以这种善良、美丽的心灵所描绘的愿景，自然拥有非常强大的力量。

不仅限于自己和家人，而是希望周围的人都能幸福，希望全体员工都能幸福。公司如果能顺风顺水，我希望就基于一颗体恤和善良之心，反哺公司所在的地域，从而实现整个地区居民的共同幸福。世界上贫困人口众多，非洲甚至仍有许多受饥饿折磨的赤贫户。我希望也为他们尽一份微薄之力，因此决心强化财务体质，打造一家经营稳健的公司。

与之相对，也有人心怀截然不同的动机，他们毫不在乎别人的感受和利益，为了让自己谋利，不惜排挤或伤害他人。想骄奢淫逸，想一掷千金，想住豪宅，想四处游乐。为了这些目的，他们不择手段地赚钱。这便是在以丑陋的心灵描绘愿景。

前面讲到，这两种不同的心境皆可能实现梦想，但基于美丽心灵的愿景拥有更高的成功概率。

距今大约 3000 年前，印度就已经拥有了灿烂的精神文化。其中，"吠陀哲学"（"吠陀"是婆罗门教和现代印度教最重要的经典。"吠陀"意为知识、启示。——译者注）可谓典型代表，其产生的时期早于佛教。在吠陀中，有句用梵语写的格言：

"伟大人物行动的成功，与其说凭借其行动的手段，不如说凭借其心灵的纯粹。"

换言之，伟大、优秀的人以行动取得成功。究其根源，是因为他们拥有一颗纯粹之心。这里的"纯粹之心"，我们可以理解为美丽无邪的心灵。但在吠陀哲学中，其还有更深层次的意义。

比如，佛教通过坐禅，吠陀通过瑜伽和冥想，从而来抑制我们凡人充满杂念、妄念的意识。于是，我们的意识便进入了一种精妙的入定状态，就如同丝毫不起波

付出不亚于任何人的努力

澜的寂静大海。如果进一步入定，进一步抛弃杂念妄念，意识就会到达一种透明美丽的境界。如果进一步"深潜"至深层意识，据说就能够抵达佛教所说的"开悟境界"，也称"三昧境界"。到达该境界的佛教高僧和吠陀的瑜伽冥想大师，据说会被难以名状的幸福感所包围，喜极至身体抖动、泪流不止。这"三昧境界"便是最为纯粹的意识，也正是佛性之所在。因此，佛教说"众生万物皆有佛性"。

作为拥有肉身的凡人，我们平时的所思所想皆有杂念。唯有抛弃一切对有形的执着，才能体会到佛性的纯粹意识。这便是吠陀哲学所指的"纯粹"，而耶稣基督则把这种纯粹称为"爱"。

总之，以这种美丽、纯粹之心为基础的企业经营方式，必能将企业带向成功之路。

（1993 年）

6 着手时应心境清澈

着手工作、项目及事业时，应抱有发自真我、一心利他的清澈心境，加之付出不亚于任何人的努力，则必定能获得成功。

如今，我每天为了重组日航而四处奔忙。8月底（2010年），我提交了日航的重组计划。接下来将正式迎来重组。虽然将面临诸多考验，但我坚信，一定能让日航成功重组。

因为我接受这一艰巨任务的理由源自我内心深处的"真我"，我的理由有三点。

其一，倘若日航陷入二次破产，则会对日本经济造成巨大冲击。为了让日本经济走出低谷，必须让日航成功重组。

其二，必须保障日航员工的工作岗位。为了重组，的确不得不以"征集自愿离职者"的方式精简部分员工，但还是必须尽量多地留下员工，实现他们物质精神两方面的幸福。

其三，假如日本的大牌航空公司只剩一家（这里指日航的竞争对手全日空。——译者注），对日本国民而言未必是好事。唯有在正当竞争的环境下，企业才能遵循竞争原理，国民才能获得价格合理的服务。在我看来，这也是重建 JAL 的必要性之一。

上述思想皆源于我"为社会、为世人做贡献"的人生观。基于"为了日本经济、日航员工以及日本国民"的想法，我就任日航会长，鞭策自己这副年迈老躯，拼命致力于重建工作。

在我看来，着手工作、项目及事业时，应抱有发自真我、一心利他的清澈心境，加之付出不亚于任何人的努力，则必定能获得成功。虽然目前不看好日航重建的文章时常见诸报端，但基于我自己的思想、哲学及人生实际经验，可以说我对重建工作充满信心。

对于在座的各位盛和塾的塾生，我殷切期望各位能够努力践行"提升心性 拓展经营"的方针，使各位的企业发展壮大。这样不但能够实现各位企业中员工的幸福，还能为日本经济带来活力，进而为全人类的社会发展做出贡献。

（2010年）

付出不亚于任何人的努力

为了"大义",我鞭策老躯,不求报酬,全身心投入(日航)重建工作。员工们也与我万众一心,共同打拼。在我看来,目睹我们这份纯粹的利他之心、这份不懈努力的精神,神灵和上天才会心生怜悯,于是不禁出手相助。

2010年,我受日本政府之邀,就任日航的会长。当时日本的媒体并不看好我,他们点评道:"稻盛和夫对民航运输业一窍不通,让其重建日航,可谓无谋之举,公司势必会陷入二次破产。"

而在3年后,日航得以顺利重建。重建后的第一年实现了1800亿日元的营业额,第二年的营业额更是超过2000亿日元,公司在去年(2012年)9月重新上市。上个月刚完结的2013年3月财报显示,公司的业绩持续增长。可以说,在短时间内,日航便从破产企业浴火重生为全世界赢利能力首屈一指的航空公司。

日航的重建、发展，直至取得这般成绩，可以说出乎所有人的意料。曾经有段时间，每次晚上上床后，我都会思考其原因所在。

　　其实，20世纪初期的英国著名启蒙思想家詹姆斯·埃伦（James Allen）早就一语道破了其中的真谛。

　　他曾说："越是心灵纯洁的人，其在各方面的能力就越强。因此，与心术不正的人相比，不管是眼前的小目标还是人生的大目标，他们要容易达成得多。即便是那些心术不正的人胆怯失败而不敢涉足的领域，心灵纯洁的人也能泰然处之，并往往能够取得胜利。"（出自《原因与结果的法则③》）

　　正如詹姆斯的这番名言所述，日航的成功重建，源于纯粹无邪的高尚心灵。

　　当然，我接手日航后，致力于打破原有的官僚主义，明确责任体制，开展组织改革。同时为了提升员工对于企业收支的意识，我重新构建了管理会计体系。这些

付出不亚于任何人的努力

涉及方方面面的改革举措，的确为公司重建发挥了重要作用。

但使日航能奇迹般浴火重生的真正原因，则要数"思善行善"的纯粹之心、纯洁之心，而绝非我个人的能力所致。

为了重振日本经济，为了保住日航员工的工作岗位，为了向广大乘客提供便捷服务，我才决定临危受命，担任会长一职。换言之，为了"大义"，我鞭策老躯，不求报酬，全身心投入（日航）重建工作。员工们也与我万众一心，共同打拼。在我看来，目睹我们这份纯粹的利他之心、这份不懈努力的精神，神灵和上天才会心生怜悯，于是不禁出手相助。

我坚信，倘若没有这份神灵的眷顾，便没有日航浴火重生的奇迹。

这份心得并非仅仅来自重建日航的经验。在我过去80余载的岁月中，已屡次体验类似的奇迹。也正因如此，我明白了"提升心性、净化心灵"既是取得卓越成果的秘诀，也是人生的最大目的。

（2013 年）

付出不亚于任何人的努力

第二章 不懈努力

8 付出不亚于任何人的努力

如果想取得事业和人生的成功，就必须拼命努力。就像在水泥地缝隙中顽强生长的杂草一般拼尽全力。除此之外，别无其他成功之路。

我认为，企业经营中最为关键的是"付出不亚于任何人的努力"。换言之，每天努力工作才是经营企业的重中之重。同理，若想度过精彩的人生，就要每天认真踏实地工作。也就是说，打造优秀的企业，度过精彩的人生，都需要付出不亚于任何人的努力。除此之外，别无他法。倘若好逸恶劳、贪图轻松，优秀的企业也好，精彩的人生也罢，都只能是空中楼阁。

说得极端一点，只要拼命努力，企业的经营状况便能稳定。不管经济是否景气，不管身处怎样的时代，我相信，只要拼命努力，便能克服一切困难。一般认为，经营战略或经营战术是企业生存的命脉，但其实关键还是要靠踏踏实实的努力，并无捷径可循。

想当年，我27岁创立京瓷，之后便开始担负经营企业的责任，但我是个彻彻底底的门外汉，对企业经营一窍不通，只是一心想着"决不能让公司倒闭""决不能给支持、帮助我创业的人添麻烦"，于是坚持付出不亚于任何人的努力，从早上工作到半夜一两点，几乎天天如此。

明年，京瓷将迎来创立后的第50个年头。回顾这50载岁月，我始终不忘初心，努力至今，终于有了现在的京瓷。由此可见，企业经营除了拼命努力外，的确再无其他要诀。

讲到这里，我想起了我的舅舅。他当年从伪满洲国身无分文地回来，二战后在鹿儿岛做起了蔬菜买卖。他只有小学文凭，爱嚼舌头的亲戚总是背地里说："（他）既没文化，又没头脑，哪怕在热得要命的夏天，也只能每天拉着板车汗流浃背地卖菜。"语气中透露着鄙夷。

身材矮小的舅舅每天拉着比自己个头高许多的板车，上面还堆满蔬菜。无论寒暑，他都拉车叫卖。这一幕，我从小就看在眼里。

付出不亚于任何人的努力

我觉得他应该不懂经营、行商和财务会计之类的知识，但他凭着这份努力的精神，愣是把买卖越做越大，最后开了一家果蔬店。且直到他晚年，店铺的经营状况一直都不错。他让我从小明白，有没有学识并不重要，只要默默付出汗水，就能收获成果。

至于我为何反复强调"付出不亚于任何人的努力"，其另外一个重要原因是自然法则。"拼命活着"可谓整个自然界的存在前提。自己稍有财富，公司稍有起色，便寻思轻松享乐，会这么想的，也就我们人类了。纵观大自然，其他生物都不会这样。动物也好，植物也罢，它们都在竭尽全力地求生求活。由此亦可见，对我们人类而言，理所应当每天努力认真地活着，这是我们应有的基本品格。

炎炎夏日，水泥路的缝隙中有时会长出杂草。如此恶劣的环境，既缺少水分，又无充足土壤，若持续日照一周，草儿恐怕就会枯萎。但在自然界中，哪怕环境如此严酷，花草树木依然会落种发芽，开枝散叶。一旦天降甘霖，便拼命进行光合作用，伸展枝叶，开花结果，然后结束其短暂的一生。而我们还看到,哪怕是在石墙的缝隙,抑或是在石头与石头之间并无土壤的缝隙中,草儿依然会生长,花儿依然会开放。

更有甚者,在酷热炙烤的沙漠中,一年只下几次雨。可一旦有雨,各种植物便会在雨后出现。它们生根、发芽、成长、开花、结果,度过短短数周的生命。它们在沙漠中拼命求生存,为了后代而留种,之后完结短暂的一生。待来年再下雨时,地里的种子便会发芽,如此周而复始。

换言之,在严酷的环境中,植物也好,动物也罢,它们都在拼命努力地一心求生存,完全没有懒惰懈怠、得过且过的情况。由此可见,人作为地球上的一分子,也应该做到认真努力地活着,这可谓最基本的要求。

创业之初的我其实并不明白这个道理,当时只是心怀恐惧,害怕自己不努力会导致公司经营不下去。如今看来,这份鞭策自己的"恐惧心"可谓完全正确。也正因为如此,我坚信"付出不亚于任何人的努力"是战胜一切逆境和困难的基础。

我问过许多人"你是否在努力"，回答往往都是"嗯，我在努力"。我发现这样问，问不到点子上，于是改问"你是否在付出不亚于任何人的努力"。许多人觉得自己已经在努力了，但其实程度并不到位。倘若不更加认真、更加拼命地努力，事业也好，人生也罢，都无法遂愿。这也是我提倡"付出不亚于任何人的努力"的原因所在。

在我看来，"拼命工作劳动""付出不亚于任何人的努力"是自然界全体生物理所当然的义务。作为人，自然也无法免除这个义务。

（2008 年）

⑨ 爱上自己的工作

要努力爱上自己的工作。一旦爱上，自然能"付出不亚于任何人的努力"。由此便能催生创意，最终取得出色的成果。此举还能磨砺灵魂、净化心灵。

要想做到拼命努力，不以苦为苦地每日辛勤工作，我觉得必须爱上自己每天在做的事。只要是自己喜欢的事情，就能够不断努力。如果能够爱上自己的工作和事业，即便旁人看来"又苦又累又够呛"，自己却能不亦乐乎。

我年轻时就这么想，所以一直努力培养对工作的兴趣。当时虽然大学毕业，但一直找不到工作，最后承蒙一位老师的介绍，才得以进入一家生产陶瓷制品的企业。我本身对制陶业并无兴趣，自然谈不上喜欢。而且那家企业经常拖欠工资，因此我非常不满。

抱着如此负面的情绪，研发工作自然不会顺利，所以我试着改变心态，努力让自己爱上这份工作。倘若做不到这一点，便无法全身心投入研发。

当时的我还是个毛头小伙子，刚刚开始春心萌动，知道了"有情人相会，千里不过一里"的谚语。顾名思义，若是与心上人相会，则行千里路犹如行一里路。不管多么疲惫，如果要去见的是自己喜欢的人，就能精神抖擞地速速而行。

这话的确在理，只要是自己喜欢的，不管多苦，都能不以为苦。于是我努力培养自己对研发工作的兴趣。

那些一开始就能够把兴趣当工作的人自然是幸运儿，但绝大部分人都得不到这份眷顾，大多数人的情况往往是为了维持生活或养家糊口而工作。这就需要自己努力培养对工作的兴趣。经过努力，一旦真的有了兴趣，真的爱上了自己的工作，那接下来就会水到渠成，"付出不亚于任何人的努力"也不再是难事。周围人或许难以理解，觉得"整天从早干到晚，身体不会搞垮吗"，但你自己却乐在其中，不觉得辛苦。

虽然有人说"成功有诸多途径"，但我认为除了"拼命努力"，成功别无他法。面对当下如此严酷的营商环境，再加上预计会经济衰退的阴霾，要想把企业做好，就必须拼命努力。

此外，拼命努力、埋头工作还能带来另一个好处。一旦具备励精图治、专注认真的精神，自然就能杜绝漫不经心的工作状态。一旦爱上了自己的工作，势必会思考更好的方法、方针和计划。如何改良改进，如何提升效率……一旦有了兴趣，这些想法就会自然而然地涌出，和每天漫无目的混日子的人可谓天壤之别。

如此努力，如此思考，便等于每天都在发挥创意。明天要胜过今天，后天要胜过明天，如此每天鞭策自己不断改进工作，便能涌现好的灵感和启示。

我从不认为自己天赋异禀或才能出众，无非就是每天拼命工作，不断思考如何改进改良，如何让企业朝着更好的方向前进。比如想提升销售额，于是思索有没有更好的推销手段；想提升品质和效率，于是思索有没有更好的生产方式……这样的努力使企业获得了出乎意料的大幅成长和发展。京瓷之所以能够不断推出新产品、拓展新市场，皆是如此努力的结果。

倘若不拼命努力工作，灵感之神就不会眷顾。假如工作态度散漫、认真程度平平，即便心中希望，好的点子也不会涌现。我认为，只有饱尝艰辛、逼至绝路、冥思苦想，才能感动神灵，使其出手相助、赐予灵感。

这一点在我自己身上得到了佐证。由于我怀着一颗赤子之心埋头努力和思考，才最终感动了神灵，使其赐予我这个头脑愚笨的人以灵感、智慧和启示。我之所以能获得原本不属于我的智慧，完全是努力工作的结果。

纵观那些为人类社会带来伟大发明或发现的人，或者是那些研发新产品和新技术的人，他们都有一个共同特质，那便是"付出不亚于任何人的努力"。没有一个人能随随便便成功。由此可见，"专注认真且付出不亚于任何人的努力"是创造卓越成果的唯一途径。

除此之外，还有一点非常重要。

一旦从早到晚努力工作，就不会有无所事事的时间。古人云"小人闲居为不善"，意思是人一旦空闲得无事可做，就会心生杂念邪念。反之，如果忙于工作，便没有这种闲工夫了。

禅宗僧人和山中修行者都会以苦修的方式磨砺自己的灵魂。他们通过修行来集中意念，使杂念妄念无暇滋生，从而整理心境、磨砺心智，培养纯粹高尚的人格。而努力工作其实与其殊途同归，通过忙碌和劳动，也能使杂念、妄念无暇产生，从而磨砺灵魂。

我一直强调磨砺灵魂能够培养利他之心，能够催生关怀之心、慈悲之心。如果能够拥有如此清澈美好的心灵，愿意为社会、为世人做贡献，并且予以实行，则命运势必会朝着好的方向发展。换言之，在公司努力认真地工作即是一种修行，一种能够磨砺灵魂、净化心灵的修行。

一旦拥有清澈美好的心灵，那么思善行善便成了发自肺腑的自然之举。每个人的命理不同，也不知道将来会发生什么，但思善行善拥有改善命运、改变命运的力量。

不管是想把企业做强，还是把人生过好，"付出不亚于任何人的努力""认真拼命地投入工作"这样的特质都是不可或缺的。

（2008 年）

> 保持企业良好的经营状况，就如同让直升机逆着重力而升空一般。直升机的螺旋桨必须不停转动，否则就会掉落回地面，这便是自然的常理。所以企业家只能"蹬"个不停。

在创业初期，我不懂什么企业经营，也不懂怎样才能营造让员工安心工作的环境，于是我只能拼命努力工作，别无他法。结果公司销售额增长，头一年便开始赢利，到了第二、第三年，公司经营状况已趋于稳定。

即便如此，我依然坚持创新，包括不断研发新技术和新产品。原因很简单，在我的哲学（或者说思维）里，没有"安心"这个概念。

谈到企业经营，当时的我在脑中有个影像——公司稳定的状态就如同悬停在空中的直升机一般；而公司经营顺利、业绩增长的状态就如同直升机逆着重力徐徐上升一般。

倘若引擎不持续带动螺旋桨旋转，直升机便无法悬停或上升。一般来说，企业一旦趋于稳定并开始赢利，不少企业家便会松一口气，觉得"可以安心了"，于是日渐懈怠。可螺旋桨一旦不转，直升机就会掉落回地面，一切重归于零。这是自然常理和物理常识。所以说，即便光是悬停于空中，也必须让引擎输出相当大的功率。而对于自己当时的状态，我脑中有一幅图，图中的我骑着由自行车改装而成的"人力直升机"，它没有引擎，完全靠我拼命蹬车来驱动螺旋桨。

前面提到，所谓企业的稳定状态，就如同直升机悬停在空中，既不上升也不下降。但我不知道怎么蹬才能维持这种微妙的状态，所以只能为了不掉下去而拼命蹬，于是逐渐上升。反之，倘若自我满足，觉得不用再蹬了，则立即就会下坠。下坠意味着企业的危机，因此我不得不玩儿命蹬，结果企业自然而然不断发展壮大。

企业趋于稳定、迈入正轨，我却加倍努力，这源于"必须把企业做大做强"的危机感。我不懂如何精准拿捏才能使企业维持稳定的状态，因此只得拼命蹬，别无他法。

如今回想起来，当时的思维颇有幼稚的成分，但其道理真实不虚。俗话说"聪明反被聪明误"，不少头脑好使的人"懂得拿捏"，一旦获得了某种程度的成功，他们便觉得足矣，于是转为维持现状，不再拼尽全力，结果受到重力的影响，逐渐下落。但他们依然觉得缓慢下落并无大碍，于是掉以轻心，最终使企业走向破产。在我看来，这份骄傲自满，便是许多聪明的成功者走向失败的原因。

而我胆小怕事，一直抱有危机感，因此为了不下坠而拼命蹬，于是渐渐上升。换言之，我从不敢有"安心"之类的想法。为了保持企业的稳定，为了促成企业的发展，我一直坚持创新、努力工作，仅此而已。

（2008 年）

第三章

拥有坚强的意志

11 自己的道路自己开辟

在遭遇困难、想要抱怨或感到气馁时，能激励自己的人，能鼓起勇气的人，能不为负面情绪左右的人，能愈挫愈勇、克服困难、不懈努力的人，必能获得成功。

若想开创事业、改变命运，唯有树立新目标并付诸努力，唯有发挥创意、每天踏踏实实地走好每一步。

我说的努力并非不动脑筋地一味使蛮劲，而是指努力思考如何达成目标、如何具体去做。只要认真思索，好点子便会涌现。一旦有了好点子，就应该立即实行。一开始势必不会一帆风顺，然后就要进一步思考。就这样，通过"思考、实践、再思考"的循环，将自己的思考能力提升至全新的高度。同时，自己的执行力也获得了锻炼。长期如此，势必能达成目标。

重要的是，在这个过程中，自己的能力得到了提升。在反复试错的阶段，有时会面临巨大困难，甚至陷入束手无策的境地。倘若意志不够坚定或者抗压能力不强，就会心生怯意，觉得"这下完了""努力是徒劳的"……

看看周围的人，我们会发现，明明努力却最后失败的例子不胜枚举。于是自己容易催生负面情绪，担心"我也会和他们一样吧""我的目标真能实现吗"……进而感到迷惘。

我们一定要摈弃这种负面想法，并激励自己"既然一直以来坚持创新，并认真思考，付出的努力是别人的两倍甚至三倍，我就不可能失败"。要相信自己虽然当下遭遇困难、陷入逆境，但这其实是神灵的考验，自己终能突破难关、拨云见日。关键要激励自己，鼓起勇气。这就是所谓的"自我激励法"。

换言之，遇到困难时，我们需要激励自我、鼓起勇气。这其实就是把自身灵魂的意志力通过另一个自己（或者说人格）传达至自身的方式。让另一个自己告诉当下的自己"不能灰心气馁"。

像这样，在遭遇困难、想要抱怨或感到气馁时，能激励自己的人，能鼓起勇气的人，能不为负面情绪左右的人，能愈挫愈勇、克服困难、不懈努力的人，必能获得成功。换言之，持续怀揣目标、对人生拥有明确愿景的人，通过不断激励自我，其潜意识便能得到激活，从而带来积极喜人的结果。

通过与员工交谈和审视员工业绩，我最近发现，一个人的行动结果完全是其心境的反映。

心态积极向上且满怀希望，实际工作顺风顺水，这自然最好不过。问题在于遭遇困难时的应对方式。倘若心生迷惘、怨天尤人，担心即便持续努力也无法取得好结果，甚至怀疑之前的努力也是白费，那么如此负面的心境就真的会映射到工作结果上。

换言之，若想工作和事业取得好结果，不应向外求，而应向内求。

（1982 年）

要攀登的山峻拔险要，困难重重，但倘若因此
而选择迂回，则永远无法登顶。所以一定要不畏艰
险，垂直攀登。

想打造世界一流的企业，就必须拥有相应的哲学。
比如，想成为世界第一，应该怎样努力。自不必说，势
必要付出令普通人望而却步的艰辛努力。

我在之前的公司（松风工业）从事研发工作时，每
当遭遇瓶颈或陷入苦闷时，都会把自己的心境记录在实
验笔记上。我经常在冥思苦想无结果、劳心苦闷至绝境
时灵感闪现，或者说看见一缕解决课题的希望之光和救
赎。有时甚至会在半夜惊醒，然后起身去进行研发工作。
这种情况下的心境，我都一一记录下来。

最后，我将记录归纳整理，得出的结论是："如果想
成为世界第一，大概必须践行这样的活法、拥有这样的
心态和思维方式。"如此整理而成的资料，日后成了《京

瓷哲学》。

如今，《京瓷哲学》成了便携手册，京瓷全体员工人手一本。除此之外，京瓷员工还有由我的讲话内容整理而成的小册子。它们阐明了京瓷成立的目的、意义及目标。

也就是说，京瓷前行的方向、瞄准的目标是什么？如果用形象的比喻说，即"要攀登的山是哪一座"。这是必须事先决定的重中之重。就如同学校的野外活动，社团要事先制订徒步计划一样，是去附近的丘陵郊游，还是去世界最高的雪山攀登。目标不同，装备就不同，训练内容也不同。从根本上来说，思维方式会不同。

假如抱着"去附近的丘陵郊游"的心态和思维方式，哪怕嘴巴上说"要成为世界第一"也毫无意义。因此，我会先和公司同人一起思考"要攀登哪座山"，一旦定下"要征服世界第一峰"后，便告知大家其艰苦程度和必要的心态，从而让大家拥有正确的认识，并接受我所提倡的思维方式。

所以说，不管是风投企业、中小企业还是骨干企业的企业家们，首先必须明确"想打造怎样的企业"，究竟是把"成功上市"作为终极目标，还是把"成为世界一流企业"作为终极目标。

承蒙多位贵人相助，京瓷于昭和三十四年（1959年）4月1日创立。当时，我对公司同人说"要拿出攀登世界第一山峰的精神"。

当时我已经意识到自己似乎有征服险峻高峰的欲望。在之前的公司从事研发工作时亦是如此：我不顾自己学识浅薄，一意挑战自己力不能及之事。当时头脑中有幅图像，图中的自己以垂直攀岩的方式爬在高耸陡峭的岩壁上，并对下属说道："你们跟我一起上！"

可一旦手上一滑或者脚下踩空，人就会跌入万丈深渊。因此下属们双手僵硬，裹足不前，吓得瑟瑟发抖。有的人说"吃不消了"，有的人说"想退出了"。而我则回应道"真的想退出就退出吧"，然后自己继续登攀。

当时，有的同事对我说："你提倡的活法太过严酷，我接受不来，所以打算离职。"对此，我心中的另一个声音则说道：

"既然大家都这么想，为何非要垂直攀登呢？自己明明没有攀岩技术，只知靠一双手抓住岩石攀爬，再努力恐怕也是白费力气，而且还会失去伙伴。即便伙伴们依然跟随你，他们也可能在途中失手跌落，而自己也可能在中途坠亡。既然如此，不如采取迂回策略，从山脚下缓缓绕着上去，这样不是挺好吗？"

但我毅然摒弃了这种想法。在我看来，这是"恶魔的耳语"。

许多人往往就这样跌进妥协的陷阱。一开始都想征服险峻高峰，但因为觉得垂直攀登不可行，于是选择缓缓往上迂回，可在迂回上行的过程中，自己渐渐看不到了顶峰。结果才爬到好比富士山五合目的半山腰，便已暗暗放弃了初心。

有的人到了古稀之年，发现自己依然徘徊于山间，与自己当初立志登上的顶峰相距甚远。于是安慰自己"我已经很努力了，人生不如意事十有八九"。换言之，这种"迂回缓慢"的奋斗方式，不但是对环境的妥协，还是对自身的妥协。一味告诉自己"这样就好"，最后在走完人生旅程时才完成了当初目标的一两成。恐怕大多数人就是这样。

与其那样走到人生尽头，我宁可选择垂直攀岩，双手紧抓岩壁，后面无人跟随，自己或许会中途坠亡，但我义无反顾。人生仅此一次，何不证明一下自己？不管有怎样的艰难险阻，我都要往上攀登。我当年下此决心时，深知自己的目标太高太难。即便是以"让稻盛和夫的技术得以问世"为目的而与我一同辞职的7位核心合伙人，我曾估计他们也会离我而去。

在创立京瓷的前一年（1958年）年末，我决定辞去之前公司的工作，但又害怕独自走上冒险旅程，于是对未婚妻说："喂，和我结婚好吗？"我当时寻思着如果有妻子为伴，或许会稍微轻松一点。因此我们举行结婚仪

　　　　　付出不亚于任何人的努力

式时，别说创业是否成功了，连创业都还没开始。在求婚时，我对妻子说："哪怕大家都不跟随我，我至少还有你。虽然不知道这样是否靠谱，但希望你能为我打气。"这并非花言巧语，我当时是真的心里没底，害怕自己孤身奋斗，所以我对她说："希望你相信我、支持我。"

在创业时，只想好要进军的领域和公司的形态还不够，还必须明确"要攀登哪座山"，即"公司发展的目标"。有了目标后，才能决定相应的思维方式。如果要攀登世界第一高峰，就不能仅仅抱有半吊子的心态和思维方式，而应该拥有与世界第一目标相匹配的"装备"，也就是哲学。这一点至关重要。

（2002 年）

13 直面困难

切不可让卑怯之人、善找借口之人、逃避问题之人、转嫁责任之人身居要职。真正的领导者，即便遭遇困难，也要鼓励自己莫气馁，并应具备毫不退缩的勇气。

在企业经营中，会遭遇诸多困难。一般人碰到困难就会趋于退缩。直面困难并解决困难需要莫大的勇气，因此许多人会下意识地知难而退。

既然不想直面困难并解决它，自然就会开始思考其他办法。而这便是有悖于勇气的举动。越是有学识的人，就越不想正面对抗困难，而会趋于思考"更好的策略"。然而这便是缺乏勇气的体现。因为没有勇气，所以想走轻松的捷径。可一旦如此示弱，就连原本能解决的问题都会变得解决不了。

领导者缺乏勇气还会导致另一个问题。我们知道，在遭遇困难时，只有员工团结一致、万众一心，才能战

付出不亚于任何人的努力

胜困难。可当员工目睹领导者的胆怯态度，就会在心里盘算"脱身之策"。换言之，领导者一旦做出有悖于勇气之事，下属们也会有样学样，不想办法解决困难，而开始寻思如何回避困难。这会导致原本顺风顺水的业务开始出现问题。而领导者的威信也会渐渐丧失。

这个问题也并不仅限于最高领导者，各部门的管理人员亦是如此。因此无论是选部长还是科长，切不可让卑怯之人、善找借口之人、逃避问题之人、转嫁责任之人身居要职。这样的人会侵蚀组织的机体健康。

虽然我说了这么多来强调勇气的重要性，但真正遭遇困难、不幸和痛苦时，能够即刻充满勇气并正面对抗的人可谓凤毛麟角，企业家和领导者亦不例外。在碰到困难时，怯意实难避免。但即便如此，也要告诫自己，至少在下属面前不可流露胆怯之情，这是不可让步的底线。换言之，哪怕内心感到害怕、想要逃避，但鉴于自己的责任，也要告诫自己绝不妥协，即便采用"自我催眠"，也要自己鼓起勇气。勇气是最重要的因素。

（1993 年）

14 绝境正是起点

　　成功者与失败者只差之毫厘。关键在于遭遇挫折后的反应，因为那才是一切的起点。而在到达那起点之前，绝大部分人都在努力，但许多人却无法跨越那条"起点线"。先前付出普通程度的努力，碰到起点线后却无法跨出那一步，于是便如此收场，这样自然无法成功。我们必须反复思考，哪怕陷入绝境也永不言弃，而是坚忍不拔、不断尝试。只有这样，才能拨云见日。

　　有的领导让下属跑销售时，叫他们有什么卖什么，收银机、复印机、个人无线广播设备全部去推销，这样是卖不出去的。要想争取到客户，就必须思考具体战略。倘若只是没头没脑地逐一拜访，结果只能是吃闭门羹，根本没法推销出去。那应该怎么办呢？

　　比如上司和下属之间这样对话："喂，你去拜访过那位客户了吗？""去是去了，可没能推销成功。""哦，这样啊。"

　　　　　　　　　　　　付出不亚于任何人的努力

事情可不能止于此。身为领导，必须思考如何与竞争对手分庭抗礼。

如果客户不愿见自己，那么可以在清早或深夜"突击拜访"，哪怕软磨硬泡也要让对方见自己。比如，一旦摸清了对方的分公司领导每天早上7点出门，那就在他家门口"蹲点"，见他出来后，一边和他一起走路，一边介绍自己："我就打扰您一分钟时间，我是某某公司的，其实之前好几次登门拜访都没能见到您。希望您能考虑一下我们公司的复印机产品。"

在进行推销时，不要局限于"卖几台出去"这种只顾眼前的目标，也不要单纯短视地向客户阐述产品的优势，比如"如果用我们的复印机，贵公司的复印成本能降低多少"之类。格局一定要大，比如将销售目标定为数亿日元，然后开始思考如何实现。这样"逼迫"自己，往往会激发各种意想不到的点子，这便是所谓的发挥创意。反之，倘若缺乏主观能动性，抱着"上司叫我推销所以才推销"的态度，便无法将产品卖出去。要推销出去，必须有特点；要推销出去，必须有差异性。在"必须推销出去"的主观能动性驱使下，才能激发智慧，涌现创意。

但如果仅凭管理层，这种思考和创意的过程则难以实现，因此群策群力十分必要。上司必须召集下属，共同讨论。比如晚上开会，会上对下属们说："大家有没有什么好主意，能够将我们的产品推销出去？我有这么个点子，你们怎么看？"像这样靠集体智慧来制定战略。而战略一旦定下，便在白天立即实施。在实施时，必须拥有极度的执着精神，辛劳和努力自然必不可少。拼命思索，一旦有了点子，便马不停蹄地立即付诸实践。假如实践的结果不尽如人意，则进一步努力思索、发挥创意、付诸实践。必须如此不断地反复。

失败者在碰到这种情况时，往往会气馁抱怨，认为"这事情压根儿行不通"。反之，成功者则会满怀热情地思考对策，然后付诸实践。虽然结果不一定会理想，但他们会反省、改良，然后再实践。如此反复，坚忍不拔。很多人之所以未能成功，便是由于缺少这份精神，他们会在中途牢骚抱怨，比如"（这事情）干了也白干""努力也没用"。要成事本就不容易，倘若再如此充满负能量，那连气势都会失去，真可谓万事休矣。

成功者与失败者只差之毫厘。在听到一些成功者的故事后，许多人心想："我也是和他一样做的啊，可为啥我就没成功呢？这个世界真不公平。"其实不是不公平的问题，问题在于遭遇挫折和失败后的反应和行动。碰到挫折，证明你到达了起点，一切才刚刚开始。

在到达这个起点之前，绝大多数人都会努力，但许多人无法跨越这条起点线。换言之，大多数人能够付出普通程度的努力，但却无法做到"更进一步"，而是将自己定性为"我做不到"，然后放弃。

在挑战新事物或新领域时，最大的障碍来自人性本身的弱点。人往往趋于求稳，乐于以一直以来的"常识"行动，且这种特质十分顽固，很难改变。因此我的办法是打破大家的这种"常识"。比如，在各位看来，1 名销售员创造 500 万日元销售额已经很不错了。这是各位心中的"常识"，即各位能够满意的数字。换言之，在各位看来，一个人哪怕再怎么努力，最多也就能完成这点儿销售额。

试想，一群销售员聚在一起，有的人说："他们的业绩是 500 万，咱们这边是 300 万，大家都半斤八两，也不错了啦。"于是众人随声附和，这和胆怯者互相安慰没什么区别。但如果中间有个人创造出了 1 亿日元的销售额，就会衬托出那些业绩为三五百万日元的人的不足之处。于是上司就会对他们呵斥道："你们在干什么？不会在摸鱼吧？！"

学校亦是如此，那些尖子学校中的学生并非个个都是尖子生。但一个班只要有一个尖子生，就能促使全班学生努力提高成绩。棒球队亦是如此，只要队里有一个出色的选手，便能带领这支队伍变成强队。反之，倘若一个组织里大家都半斤八两、实力平平，那么自然无法发展进步。所以说，一个企业的市场部或者销售部亦是如此，必须有一个业绩杰出的"销售标兵"，才能拉动整体的销售业绩。

我经常引用源义经［源义经（1159—1189 年），日本传奇英雄，平安时代末期名将。——译者注〕的一则故事，在与平家作战时（此处指源家与平家之间的"源平合战"，其发生于日本平安时代末期，是源氏和平氏两大武士家族集团之间为了争夺权力而爆发的战争。——译者注），为了绕到平家部队的后方突袭，他和辅佐他的武将们沿着绝壁般陡峭的鹎越山路下行。当时，身披甲胄的武将们有所犹豫，他们对源义经说："如此绝壁，恐怕无法骑马冲下。"恰好源义经见到一头鹿跑下悬崖，于是对他们说："你们看看那头鹿。鹿有四条腿，马也有四条腿，为何不可？！"说罢，他便挥鞭策马，喊道："大家跟着我！"然后一口气冲下绝壁。就这样，源义经率领部下，骑马冲下了原本认为无法冲下的绝壁，从而名留史册。

在面对上述情况时，普通人会用所谓的"常识"判断，认为"绝壁太过陡峭，骑马下去会摔死"，于是作罢。这是大多数人的思维和行为模式。但若想成功，就必须打破这种模式，应该树立理想、判断现状、明确目标，搞清自己当下拥有的"兵力"和"武器"，然后拼命思考如何达成心中的目标。这和学历文凭没有关系，哪怕在学校念书时是差生，只要认真努力地反复思考，也能想出好点子。

有了好点子后，就要去和下属商量。"我有这么个主意，你怎么看？""我觉得不错。""好，那么说干就干，今天就干。"

在如此讨论后，便立即将点子用于推销。倘若依然推销不出去，就要找出问题所在，比如究竟是因为"见不到客户方面的负责人"还是因为"产品的品质瑕疵"，等等。要不断如此尝试和思考，遇到困难莫放弃，要坚持不懈。如此反复，必能拨云见日。

（1983 年）

付出不亚于任何人的努力

15 不要有感性的烦恼

"不要有感性的烦恼"是很重要的。不管发生什么，都不必烦恼，或者说不该烦恼。切不可烦心伤神，而应该充分反省，然后以全新的精神面貌去行动处事，从而把负面的郁闷和烦恼变为迈向新未来的动力。

人生在世，忧愁、失败和烦恼在所难免。但如果对于已经发生的事情持续烦恼不已，则并无意义。

懊恼、烦忧的负面情绪会影响心理健康，甚至导致身体疾病，从而使自己的人生陷入不幸。

所以说，坏事既然已经发生，就不要一直烦闷忧愁，而应该拥抱新思维，采取新行动。

对于已然发生的过失或错误，的确要反省，但大可不必在感情和感性上反复苛责自己，否则只会徒增心理负担。正确的方式是理性思考、纠正错误，然后付诸行动。这样才能使人生变得精彩纷呈。

有个词叫"覆水难收"，意思是泼出去的水无法再收回。而已经发生的坏事亦是如此，既然事已至此，再去不停地想"我怎么会那么糊涂""早知道就不那么做了"，也是于事无补的，所以没有必要如此烦恼。

对于失败，当然必须反省，要严厉诘问自己"怎么会做出那么愚蠢的事"，但一旦反省到位，就应该忘掉这个失败，大可不必一直心生懊恼。不管对人生还是对事业，都应该如此面对自己的失败。

充分反省自己做错的原因，下决心不再重蹈覆辙。然后大可遗忘它，以开朗的心态去挑战新事物。切不可由于先前的失败而耿耿于怀、烦闷悔恨。要抛开负面记忆，努力朝着新目标出发。如能做到这一点，即便当下遭遇失败，日后亦能成功。

遗憾的是，许多人都会被感性的烦恼所折磨，这或许也是日本每年自杀者超过 3 万人的原因（截至 2008 年

付出不亚于任何人的努力

的数据）。人生在世，的确有许多烦恼和困难，有的与金钱有关，有的与人际关系有关。但即便再苦再难，也要保持乐观，应该这么想："好歹我还有一条命在，只要活着，总有出路。"这种自我心理建设尤为重要。

人生在世，自有诸多烦恼。我们在工作时亦不得不面对各种问题。烦恼的确繁多，但大可不必为此劳心伤神。但要注意的是，必须理性反省，倘若不加反省便遗忘，则是大错特错了。

再强调一遍，千万不要有感性的烦恼。不管发生了什么，不管有怎样的问题，哪怕陷入了觉得自己快要活不下去的境地，也不必烦心伤神，或者说不可以烦心伤神，而应该深刻反省、改过自新、付诸行动。

改过自新和付诸行动至关重要，这样能够让烦心、懊恼之类的负面情绪转化为朝着新未来前行的动力。

人生在世，谁都会失败和犯错，人正是通过不断的失败和错误获得成长，所以大可不必因此悔恨和懊恼。

深刻反省，着眼未来，付诸行动，这才是最为重要的人生态度。

（2008 年）

付出不亚于任何人的努力

16 点燃斗志

希望大家在面对工作时要拥有斗志和干劲，但又不能让这份斗志失去控制。斗志需要由"灵魂"来调节，该有斗志时应激进，不该有斗志时应克己。

最近公司内部似乎有斗志削弱的迹象，这让我颇为忧虑。我说的斗志，是指不顾一切、誓要完成目标的气魄和精神。

要知道，若想成功维持企业运作，这份斗志和才干、领导力一样，都是不可或缺的特质。这份斗志一定要猛，不是像小型犬那种叫唤几声的虚张声势，而是像土佐犬（日本的一种大型斗牛犬。——译者注）那种"咬定不松口"的执拗斗志。倘若缺乏这种"不胜利不罢休"的执着热情，便成不了事。希望大家在面对工作时要拥有这份斗志和干劲。

但要注意，这份斗志源于人的原始本能，因此不可令其恣意妄为，需要对其加以控制。而控制的主体则是人的"灵魂"，由"灵魂"来调节，该有斗志时应激进，不该有斗志时应克己。但倘若理解失误，从根本上丧失了斗志，则可谓本末倒置。如果这种缺乏斗志的员工增加，公司便不可能发展壮大。

企业经营需要意志，需要有贯彻计划和决定的强烈意志。所以说，对于年度基本经营计划和月度目标，倘若相关负责人无法完成，则可以说此人缺乏领导能力。当然，实际经营中存在许多困难，有时达不成目标也情有可原，但如果趋于常态，则可以认定此人意志薄弱，非领导之才。

营商环境可谓瞬息万变，世界经济、日本经济、汇率、订单情况等，各种变数不一而足。即便环境如此，我们也必须凭借强烈的意志，加之随机应变的方式，完成既定目标。由此可见，企业经营真可谓"意志的胜负"。身为领导，必须拥有"无论如何都要实现目标"的强烈意志。不仅如此，领导还必须将这种意志渗透至整个组织或集团，从而使全体成员团结一心、奋勇向前。反之，倘若领导对下属说"大家已经很努力了，（完不成目标）

也是没办法的嘛"，则不管是一个科室、一个部门，还是总公司，都无法具备竞争力。

我曾经对员工说道："好，既然你说完不成业绩，那我就在你后面用枪指着你。你想想，反正后退也是死，不如拼死往前一搏。"我说这番话时气势逼人，十分吓人。员工可能觉得我是魔鬼。但要知道，身为领导，为了达成目标，有时必须做到这个份儿上。若不如此将自己和下属逼至绝境，又怎么可能实现远大目标？

第一次制定的目标行不通，于是接二连三地修改，这样只会让组织失去战斗力。一个没有胜绩且不知如何取胜的团队，又怎么可能有希望？纵观咱们公司的近况，不管是年度基本经营计划还是月度目标，虽然大家认真努力，但经常无法完成业绩，且这种情况似乎趋于常态。这是各管理层缺乏斗志和意志的体现。

不管对于领导自身还是下属，贯彻意志实为不易。但越是不易，就越需要强烈的斗志一以贯之。否则，事情和计划便无法如愿达成。

但这份斗志的确亦是一把双刃剑，倘若过度，则有将下属、组织及自身带入危险境地之虞。正因为如此，我们要修养人格、提升心性。换言之，斗志的分寸拿捏，实如走钢丝般恐怖，稍有不慎，便可能跌入恶道。但若惧怕此风险，安逸地认为"都认真努力过了，（不成功）也无可奈何"，则无法打造强大的组织，亦无法达成高远的目标。说实话，这种"温和无害"的领导不会伤害到周围的人，因此即便不提升心性亦无妨。反之，越是斗志旺盛、激进能干、拉升业绩的"公司顶梁柱"，越有必要修养人格、提升心性，从而防止他们的斗志失控，进而避免使员工和整个组织陷入分崩离析的险境。

请不要误会，我并不是说大家必须都成为圣人君子。不管是经营企业还是运营事业，都需要优秀的才干和领导力以及超强的斗志和意志，即"为了生存而斗争"的原始本能。但倘若一味执着于此，搞不好就会危害整个组织，因此也要相应地磨砺心灵，以正心智。

（1991 年）

第四章

提升人格

17 提升心性

"提升心性 拓展经营"这句话说明了企业家的人格素养与企业的业绩发展成正比。若想拓展经营，首先必须提升自身心性。如能做到，业绩自会提高。

我经常强调"企业的经营状况取决于企业家的器量"。俗话说"螃蟹挖洞，大小依壳"，不管有多么远大的理想，不管想把企业做得多大，企业的最终规模不可能大过企业家自身的器量。

有不少小企业家逐渐做大做强，但其领导力却渐渐跟不上企业规模增加的速度，最终导致企业破产。这便是随着组织的发展壮大，作为其领导者的企业家却无法相应提升自身器量的缘故。

可见，若想让企业发展壮大，企业家除了提高自身的管理知识和业务水平外，还必须不断提升自身的器量。所谓器量，即自身的心智、哲学、思维方式和人格。

以我自身为例，我也绝非从年轻时便拥有企业家器量之人。年轻时的我有很多不够成熟的地方，但我能够认识到自己的不足之处，并每天努力于自我提升。

有位企业家曾对我说道，20多年前与我见面时，对我的一番话印象深刻。据他回忆，当时我说："自己的人生内容是每日提升理念。"身为企业家，我却并不拘泥于提高业务技能，而是把提升经营理念、思维方式和哲学作为每天的任务，他对此甚为感动。

的确，我从年轻时起便热衷于阅读与哲学和宗教相关的书籍，会在枕边堆几十本书，坚持每天睡前看一会儿。不管回家多晚都不曾间断，哪怕看个一两页。由于年轻时养成的这个习惯，或许我可以不谦虚地用"每日提升理念"来概括过去的人生。

许多企业家都是这样，比如松下电器产业（如今的Panasonic）集团的创始人松下幸之助先生，还有本田技研工业的创始人本田宗一郎先生。二位都是这方面的楷模。

付出不亚于任何人的努力

30 多年前，京瓷由于逐渐发展壮大，开始把上市纳入计划日程。当时，我拜会了日本一家知名大银行的行长。在谈话中，我告诉那位行长，自己平时经常拜读松下幸之助先生的著作，我不但尊敬松下先生，而且希望效仿他的活法和企业经营方式。

那位行长十分熟悉松下先生，因此我以为他会对我的想法颇为赞同，可没想到他却批评道："松下先生年轻时也是个莽撞的毛头小伙子，你这么年轻却老气横秋地满口大道理，我觉得有点欠妥。"

他的这番话让我愕然。在我看来，人都有年轻懵懂时，犯错也正常，但努力提升自身修养和人格的努力至关重要。可没想到堂堂大银行的行长却似乎不懂这个道理，或者说不想去懂这个道理。

后来，在我终于拜见松下先生时，他已迈入晚年，我有幸与他对谈。果不其然，他兼备卓越的人格和见识，可谓世间罕有的优秀企业家。能够拥有如此大的器量，想必他一直在努力修身。也正因为如此，松下电器才得以成为全世界屈指可数的电子产品制造商。

本田宗一郎先生亦是如此。他从区区一个汽车修理作坊的老板开始做起，据说年轻时脾气很暴躁。有人说，那时候只要伙计稍有偷懒行为，就会受到本田先生的"铁拳教育"，有时候甚至一把扳手就扔了过来。不仅如此，本田先生那时还曾毫不避讳地公开表示"工作就是为了玩乐"。

而在本田先生功成名就的晚年时，我有幸与他见面。当时，瑞典皇家科学院将我选为海外特别会员，为了参加相关活动，我前往瑞典，从而得以与本田先生相见。

整整一周，我和本田先生一同巡游瑞典各地，且同吃同住。在此过程中，我切实感受到了他的人格魅力。他温厚谦虚、体恤他人、人格高尚，让人完全无法想象他年轻时的那些逸闻趣事。在我看来，正因为他将自身的心性提升至如此高度，本田技研工业才会成长为世界顶尖的汽车生产商。

我经常强调"提升心性　拓展经营"。这句话说明了企业家的人格素养与企业的业绩发展成正比。这可谓企业经营的真髓。换言之，若想拓展经营，首先必须提升自身心性。如能做到，业绩自会提高。

反之，倘若企业家不勤于提升心性，即便一时收获巨大成功，也会最终走向没落。许多企业家光鲜亮丽，却在10年或30年后步入衰退之路。究其原因，便是惰于提升心性。他们起初或许勤于提升心性，但在获得成功后却不知不觉地遗忘了谦虚谨慎的初心，开始趋于懈怠，从而再也无法维持高尚的人格境界。你我皆凡人，没有人天生具备崇高的思想和人格，只有一生不断努力，依靠自己的意志，才能培养和塑造自己的高尚人格。

尤其是企业家，既然雇用员工，就要负责员工的生活，因此责任更大，所以要每日勤于钻研，不断提升人格，决不可松懈。在我看来，这是企业家的义务。

（2007年）

18 持续提升人格

直升机如果不持续转动螺旋桨，就无法抵抗重力。同样，要想保持心灵的高境界，就必须坚持学习和反省。假如还想进一步提升人格，那就更要不断学习。

提到读书，想必在座的各位都不会把一本书读了又读。但纵观世间德高望重之人，以及人生精彩纷呈之人，他们都有把一本书反复翻烂的经历。

其实，不管一个人多么德高望重，倘若不坚持反省自身，便无法维持高境界的人格。再说回咱们盛和塾的塾生，可能有不少人在学习，也有人像今天这样参加学习研讨会，还有人在阅读相关书籍，在这个过程中，可能会获得醍醐灌顶的启示，但这样的启示或感动只是一瞬，其并不意味着心性的真正提升。要想真正提升心性，就必须持之以恒。

提升心性其实和"浮空"类似，提高心灵的境界，

付出不亚于任何人的努力

就如同从地面向上浮空。要想浮空，自然需要能量的维持。譬如直升机浮空，靠的是螺旋桨的转动；又譬如火箭升空，靠的是燃料的喷射，为的都是与重力对抗。同理，要想保持心灵的高境界，就必须坚持学习和反省。假如还想进一步提升人格，那就更要不断学习。

近年来的一些事件，让我更加明白了这个道理。比如一些知名的优秀企业家，随着年龄增长，其人格却跌落至常人以下的水准。原先明明人格高尚，却随着这种负面蜕变，最终导致企业走向衰退。这样的例子举不胜举。

换言之，在不惑和知天命的精力旺盛之年，不少企业家兼具崇高的思维方式和火一般的热情，因此公司也繁荣昌盛。可随着年龄增长，其思维方式却开始"变质"。究其原因，便是缺乏反省，使滋养美好心灵的"营养"逐渐流失。这就如失去动力的直升机一般。

即便纵观宗教界，类似情况亦不少。一些人因为年轻时发愤修行，拥有了惊人的卓越见识，从而被誉为高僧或大师。但随着年龄增长，其人格却未能相应提升。换言之，他们的确曾因为努力修行而到达了极为殊胜的开悟境界，从而拥有了较高层次的心灵和人格，但要保持这种境界，就必须坚持修行，否则就会立刻被"打回原形"，这是人的本性使然。所以说，一个人的人格是否伟大，要看其当下的活法。

拿我自己来说，或许我以后会老糊涂，或者趋于懈怠。到了那个时候，我就不再是值得你们学习和借鉴的榜样了。所以说，我们要坚持反省，反省是提升人格的原动力。

鉴于此，我认为盛和塾的讲学活动大有裨益，各位塾生也不可满足于"听过了"，而应该反复听讲，从而获得新发现。比如第一次听时非常感动，于是决心自己也践行，但每天的所作所为却与其背道而驰，那么在第二次听时就应该拥有更深刻的感受，从而告诫自己必须做出改变。

在我看来，心灵的问题必须如此对待，即通过孜孜

付出不亚于任何人的努力

不倦地反复学习，从而逐渐纠正自身的错误，达到修身的目的。

　　我希望大家能够明白，这便是你们来盛和塾学习的意义所在。换言之，大家既然成为塾生，既然打算一直做企业，既然打算有意义地度过仅有一次的人生，就要提升人格，成为优秀的企业家。这对你们自身而言，对你们的员工及身边的人而言，都是一件大好事。而且，比起什么钓鱼和打高尔夫，这样的精进修行要快乐得多。

（1992 年）

19 每日反省

每天睡前，我都会静下心来回想过去的一整天，然后会突然责骂自己："你这个笨蛋！"第二天早上，我会一边洗脸，一边再骂自己一遍："你这个笨蛋！"然后自言自语道："神灵啊，对不起！""母亲啊，对不起！"这样的反省至关重要。

每日反省能够使人保持谦虚的态度，而至于具体的反省方式，我推荐每天回顾自己做了什么，包括"是否有傲慢言行""是否做了坏事"，若有，就要加以反省。在我看来，这一点至关重要。

换言之，在过完这一天后，要回顾这一天的林林总总，进而审视自我，问自己"今天是否让他人感到不快"，"今天是否对他人态度冷漠"，以及"今天是否有卑怯的行为"。要像这样回想、反省。养成这样的习惯很重要。每天睡前，静下心来，然后如此"修心"，可谓大有裨益。

付出不亚于任何人的努力

从年轻时起，我便每日拼命工作，付出了不亚于任何人的努力。多亏了有为我出资和帮我创业的前辈和同人，我这个乡下小伙儿才有这种奋斗的机会。

"稻盛，你放手去干吧。"在他们这样的鼓励和帮助下，京瓷得以创立。但我起初只是一介技术员，要我研制工业陶瓷还行，而在企业经营方面可谓一窍不通。因此，当时的我一直非常惶恐，不知道公司何时会倒闭。所以我每天不但拼命工作，也坚持不断反省。

直到如今，我依然保持这种反省的习惯。比如现在的我经常要和各界人士打交道，喝酒应酬亦不少。有时多喝了几杯，事后就会担心"自己（当时）是否说了失礼的话"。晚上睡觉前，我便会如此反省："今天我有点贪杯，应该酒后失言了。"一旦在记忆中确认了这样的情景，我就会对自己贪杯的行为顿生厌恶，然后骂自己："你这个笨蛋！"

我并非只是在心中如此默念。等到第二天早上，我会在洗脸时大声地再骂自己一遍："你这个笨蛋！"然后自言自语道："神灵啊，对不起！"有时我会说："母亲啊，对不起！"我都 76 岁了，但有时依然会像这样呼唤母亲。这让妻子或女儿听到的话，的确非常难为情。所以我每次都会关上盥洗室的门，让外面听不到里面的声音。从年轻时起到现在，我一直保持这样的反省习惯，从未间断。

（2008 年）

> 人格和思维方式会改变。但作为真正够格的领导，则必须拥有千锤百炼、坚定不移的思维方式，必须拥有不受环境和条件影响的谦虚人格。

每当看到走向没落或面临破产的企业，我就甚为心痛，尤其是看到那些初创企业。

中国古人云"夫国以一人兴，以一人亡"。同理，我们也可以说"企业以一人兴，以一人亡"。这样的例子，想必各位也屡见不鲜。

不管是新兴的风投企业，还是老牌的传统企业，只要企业家有能力、有热情，并且努力，再加上还不错的思维方式，便可以收获成功。成功后，其逐渐步入顺境，但其思维方式却随之"变节"。换言之，由于企业家的领导才能、热情和正确的思维方式，公司成功发展，直至上市，一切顺风顺水，但接下来其人生观却开始发生负面的蜕变。譬如开始执着于金钱，开始沉湎于名誉，这样的思想变质便是走向没落的引子。引导企业取得成功的人，同时也是引导企业走向末路的人，可谓"成也萧何，败也萧何"。而其本人却毫不察觉。

人格和思维方式会改变，但作为真正够格的领导，则必须拥有千锤百炼、坚定不移的思维方式，必须拥有不受环境和条件影响的谦虚人格。

我经常对企业家们强调，获得成功、顺风顺水，这的确是好事。但在这样的顺境下，人往往容易执着名利、趋于傲慢。人一旦失去谦虚的品质，就会逐渐变得不可一世。有些新兴企业的创始人在创业初期谦虚谨慎，且具备能够感召人的人格魅力，在工作中也是勤奋努力，颇得周围人的敬佩和好感。可一旦获得成功，他们就开始变得骄傲，待人接物的态度也日渐跋扈。中国古人云"唯谦受福"，可见，倘若失去谦虚的品质，幸福和好运也会逐渐远离。在各种人格缺陷中，傲慢可谓第一大敌。倘若一个人的人格和思维方式由于环境的改变而变质劣化，那真是遗憾又无奈之事。

有的人可能会说，思维方式属于个人自由。这话的确没错，人拥有怎样的想法，是其自身的自由。但其招致的结果，也只有其自身去承担。

而作为企业家的我们，还不能通过"自身承担"而了事。一旦企业由于我们的错误而倒闭，便会牵连员工乃至社会，造成极为广泛的恶劣影响。换言之，对企业家和领导而言，一旦出了问题，就不仅仅是个人问题，因此不能说"拥有怎样的思维方式属于个人自由"。要造福集体和社会，就必须拥有正确和高尚的思维方式，这是领导者的义务。而如果是一个国家的元首，这样的义务和责任就更为重大。倘若一国之首不具备高尚的思维方式和人格素养，就会使国民陷入不幸，甚至导致亡国。企业经营和组织运营亦是如此，不管是社长、部长还是科长，思维方式都不能随心所欲。

因此，在我看来，要想给一个集体或组织造福，其领导者必须具备高尚的思维方式。

如今，目睹不少企业破产倒闭，我甚为心痛。企业家在处于成功的顺境时，应该保持谦虚和知足的态度，要对上天赐予的一切心怀敬畏，从而避免自我膨胀，且还须具备慈悲心，要明白这世上还有许许多多被贫困和不幸所折磨的人，要生起搭救他们的利他心。如果能在人生巅峰时拥有这样的思维方式，便断然不会由盛至衰。凡由盛至衰者，皆是未提升思维方式之人。

鉴于此，我认为思维方式对人生起着十分关键的作用。

（2001 年）

　　　　　　　　付出不亚于任何人的努力

第五章　育人

21 大善与小善

所谓真正的"爱"并非表面化的小善，而是真正的大善。一般人眼中的"爱"，其实大多是误人的"大恶"。所以说，我们要有一双慧眼，用来分辨何为大善。

"爱"和"互助"是我们日常生活中的基本行为准则。但这份"爱"切不可盲目。佛教中有"大善"和"小善"的概念。比如，喜欢自己的孩子而对其溺爱娇宠，结果导致孩子长大后铸成大错。反之，对孩子严加管教，使得孩子的人生精彩纷呈。在佛教理念中，前者即小善，后者即大善。

"珍视员工"是 IBM 的企业理念之一。至于其内涵，在阐述 IBM 企业理念的文件中有这样一个寓言故事。

一年冬天，某处的湖水由于寒潮来袭而冻结，这使得前来过冬的一群野鸭无法找到食物。住在附近的一位善良老人见状，不忍心野鸭挨饿，于是给它们喂食。野鸭因此得以过冬。转眼春天到来，本应离开这过冬之地的野鸭却赖着不走，老人则愈发宠爱它们，春天、夏天……一直给它们喂食不断。数年后，又一波寒潮袭来，湖面再次结冰，而那位老人也由于严酷的天气而去世。没了喂食的人，忘了捕食技能的野鸭全部饿死了。

IBM不要培养这样的员工，要培养员工成为顽强的"野鸭"，IBM对员工的"珍视"并非溺爱。该主旨在这个寓言故事中显而易见。面对无法在冻结的湖面找到食物的野鸭，由于怜悯而喂它们，这是溺爱对方的"小爱"，也就是小善。佛教说"小善似大恶"。换言之，基于自身感受、不为对方着想的小爱，其实与大恶相当。

我们应该学会区分小善和大善。很多时候，人们自以为行善，其实却做了大恶。只有大善才是真正的"爱"。但正所谓"大善似无情"，有时大善从表面上看似乎毫无爱意可言。比如日本有句谚语叫"狮子推幼崽下谷底"。狮子把自己的孩子推下谷底，只养育能独自爬上来的小狮子，这似乎冷酷无情，但其实是"大爱"。

所以说，所谓真正的"爱"并非表面化的小善，而是真正的大善。一般人眼中的"爱"，其实大多是误人的"大恶"。所以说，我们要有一双慧眼，用来分辨何为大善。

各位接下来会被分配至各个岗位，也会有自己的上司。每个上司的处事风格也各不相同。有的可能乐于听取下属意见且性格温和，让职场氛围较为轻松；有的可能对待下属十分严厉……我不能说哪类上司更好，因为这不同的风格其实都没错。

但要注意，如果"温和派"的上司拥有信念和原则，则不存在问题。但如果其无原则地一味迎合下属，那结果只会害了下属。虽然表面上这样的上司会让下属在工作中轻松愉快，但这样的松懈状态到头来只会耽误下属。反之，严苛的上司看似冷酷，却能锻炼下属的工作能力。从长远来看，反而对下属有益。总之，判断"爱"时不可浮于表面，而应该严格审视。

（1991 年）

领导只要能做到爱待下属、关心下属，心怀
"希望下属得以成长"的愿望，即便教育方式较为笨
拙，也能让下属心服口服、真心领会、获得成长。

"爱待下属"是培养人才的关键所在。不管学过多少
教育理论，身为领导，如果在指导下属时照本宣科、缺
乏爱意，则难以成功地培养人才。反之，如果能做到爱
待下属、关心下属，心怀"希望下属得以成长"的愿望，
即便教育方式较为笨拙，也能让下属心服口服、真心领
会、获得成长。

自创立京瓷以来，我在指导下属时一直心怀爱意。
首先，围绕"作为人，何谓正确？"的问题，我一直真
诚地把自己的所想所感传达给下属。此外，围绕"何谓
理想的工作和人生状态"的问题，我也一直利用"空巴"
等机会，努力向下属说明。

另外，一旦发现下属存在问题，不管是在工作时间

还是在众人面前，我都会当场大声叱责。因为我打心里想把下属培养成优秀人才，所以每当发现他们偷懒或犯错时，我都心急火燎，没法做到等会儿把他们叫到办公室单独谈。

不少经管类书籍上说"批评下属时要顾及他们的感受""不可在人前叱责下属"……而如今更是有把"叱责"本身视为敏感词的趋势，人们普遍认为叱责下属的"严苛派"领导会失去下属的支持和爱戴，进而在组织中成为不合群的异类。

但我要强调的是，身为领导，切不可因此而害怕、妥协或犹豫。不敢叱责下属的领导或许一时会被下属认为是"温柔的好领导"，但从长远来看，这种没有担当的领导，其实无法获得下属的真正信赖。

当然，有时教育下属时也需要予以表扬，但叱责势必更能让他们记忆深刻、理解充分。而只要是真正优秀的下属，势必终会接受和理解领导的这份看似严苛的"真爱"。

（2008 年）

23　严厉叱责，笑着鼓励

领导如果爱待下属，就要在严厉叱责完下属后，笑着鼓励其努力。这种真诚率直的态度能让下属感到"领导是为了自己好"，从而心怀感激，进而愿意接受和履行领导的指令。

凡是京瓷的老员工，都受过我的严厉叱责。其严厉的程度，可谓"旁人不忍直视"。据他们说，在接受叱责时，他们心里感到委屈，不明白"自己凭什么要被训得那么惨"。

而在我把道理讲明白、确认他们接受理解之后，我会拍拍他们的肩膀，笑着对他们说："明白我的意思了吧，那么好好努力吧。"据他们说，我如此"破颜一笑"的鼓励，让他们前一秒还感到的愤懑一笔勾销，甚至还有一种神清气爽的感觉。

在我看来，这是我对下属们发自内心的爱意所致。也正因为如此，不管我在叱责时多么怒气冲天，最后都会以笑脸鼓励他们。

而当下属感受到这份爱意时，便会懂得领导的叱责"是为了自己好"，从而心怀感激，进而愿意接受和履行领导的指令。

但包括我自己在内，所有当领导的并非天生就具备能够教育他人"活法"的崇高人格。正因为如此，我一直阅读圣贤之书，每天不断努力学习理想的活法，从而提升自己的人格。

这份努力不但在指导下属时有用，还能成为自身的思想。身为领导，如果能做到刻苦钻研、爱待下属，教育其"作为人，何谓正确？"并且毫不犹豫地指出其缺点和问题，则不仅能让下属获得成长，对领导自身的成长亦大有裨益。

所以说，要想培养下属，领导必须对其怀有深深的爱意，并明白教育下属也是一个自我成长的过程。下属在受到领导的严厉叱责时，也要理解领导的良苦用心，从而虚心接受。

　　我相信，倘若构成一个组织或集团的成员能够保持这样的思维方式，则不管是其中的个人还是整个集体，都能持续地成长进步。

（2008 年）

付出不亚于任何人的努力

24 了解、起用、培养下属

对于下属，领导应严格教育并予以起用，从而树立其信心。而"给予实践机会"是培养下属的关键。但要实现这个目标，就必须全面把握下属的优缺点，并做到"用其长，补其短"。

各位在不断成长的同时，也不要忘记全力培养自己的下属。我希望各位能够把"自我成长"和"培养下属"作为同等目标来努力。就像我们目前在推进的第二电电（现在的 KDDI）事业项目，今后整个集团会不断拓展业务、发展壮大。而对各位而言，则意味着工作任务的多样化。

事业和项目的关键是"人"，用人是一门有意思的艺术。我们公司目前有数名副社长，大家拥有不少点子和想法，也在逐步尝试开展新项目和新业务，但我却发现了一些问题：明明按照需求制作出了组织图，明确了所需的人才类型和应发挥的作用，却分配一些不对口的人上岗。这使得组织无法有效运作，从而陷入"做啥啥不成"

的怪圈。

对此，我对当事的干部说："你是怎么想的？这样的工作，需要的是能够发挥相应作用的人才。既然你制作了组织图，知道需要什么样的人，想必你认为目前起用的人能够发挥相应的作用，不是吗？可从目前的结果来看，你似乎没有认真评估过员工的能力。你看看，那名员工明明无法发挥相应作用，明明不适合这个岗位，可你却起用了他。这难道不是你的判断失误吗？"

这不但会导致相应岗位的职场出现混乱，也会逼得管理干部不停地忙于救火。鉴于此，我继续对那名当事的干部说道：

"我觉得你不懂如何评估下属。身为领导，应该正确评估下属的性格、人品和工作能力，但你却未能做到。换言之，你在分配岗位和用人时，只是机械地采取'一个萝卜一个坑'的方式，这怎么可能行得通呢？一定要做到'起用与岗位匹配的人才'，不仅能力要匹配，信

付出不亚于任何人的努力

任度也要匹配，一切都必须以具体的工作性质和内容为准绳。"

各位手下都有多名员工，因此在分配岗位时必须学会正确评估他们。但要注意的是，有时会发现并没有完全胜任的员工。

碰到这种情况，我会采取"曲线救国"的方式：先起用与岗位部分匹配的员工，然后由我自己来补足其欠缺之处。比如，我在选关西地区的营业科长时，就采取了这样的办法。我对自己选的人十分了解，因此能够在实际工作中对其进行有效督导。而对于他的长处和能干的方面，我则不用关注，让他放手去做即可。换言之，用人之道，在于"用其长，补其短"。而其前提是对下属的充分了解，包括其工作能力和人格素养，从而实现"适材适所"。倘若手头没有与岗位完全匹配的人才，则应在"曲线救国"的基础上"补其短"，领导可以亲自指导教育，或者给其安排一名辅助的副手。

与此同时，我还会经常性地指出其欠缺之处，并不厌其烦地促其改进。假如一直处于"半吊子"的状态，不但对其本人不利，对公司也不是好事。因此我会坚持对其进行指导，让其充分认识自身的缺点，并主动克服和改正。

由此可见，其实评估下属是一件十分冷酷的事情，领导需要做出现实、冷酷的判断，性格温柔之人是做不来的。充分把握下属的优缺点，在分配岗位时考虑其适应性，补足其欠缺之处。这一系列行动需要不留余地的冷酷态度和客观视角。但身为领导，必须拥有这种能力。

打个比方，有个太阳能电池的项目，于是迅速建立了一个团队，大家各自开展工作，但最近出现了良品率不高的问题。由于团队是临阵凑成，能做到这个程度已经很不错了，因为领导没有评估把产品设计全部交给一个人负责的做法是否妥当，甚至可以说是放手不管，这在日后必定会造成大问题。不仅是设计环节，生产制造亦是如此，必须做到"适材适所"，若无法百分百匹配，则必须"补其短"。假如领导没有把这种工作做到位，则属于不作为。

我们京瓷之所以能够发展至如今的规模，其关键原因在于"坚持育人"。

我觉得自己比任何人都懂教育，不同于那种照本宣科、千篇一律的灌输，我甚至觉得自己真能做到"因材施教"。所以说，万一哪一天不做企业了，我最想干的行当是教师。这不是说我有多爱教师这份职业，而是有时候我真的会认为"不太有人像我这样懂教育"。

与我正相反，各位恰恰因为脑子太好，所以觉得下属"孺子不可教也"。结果不愿手把手地指导下属，非要指导时也是笼统说明就了事。其实各位身为领导，必须多多培养出优秀人才才对。各位应该产出人才，从而提供给整个公司。

讲了这么多关于培养下属的内容，我希望大家记住，敢于起用下属是重点。对于下属，领导应严格教育并予以起用，从而树立其信心。而"给予实践机会"是培养下属的关键。但要实现这个目标，就必须全面把握下属的优缺点，并做到"用其长，补其短"。

（1984 年）

　　　　　　　　　　　　付出不亚于任何人的努力

25 让下属经历"枪林弹雨"

要把下属逼到"枪林弹雨的战场",从而锻炼其胆魄。以本质善良、温和、稳重之人为对象,对其予以实践历练,当其拥有真正的胆魄时,便成了优秀的可用之才。

在选择培养锻炼的对象时,最佳之选是那些天生胆小怕事但拥有灵性且做事认真的人。让这样的人在实践中历练,就是"让他们去枪林弹雨的战场"。通过这种方式,让下属锻炼出真正的胆魄,这一点至关重要。

换言之,那些原本做事冲动毛躁、一身蛮勇之人反而不属于理想的培养对象。而那些性格稳重、拥有灵性且胆小怕事之人,则能通过实践历练而获得胆魄。

所谓"枪林弹雨的战场",在企业活动中便是指工作的职场。让下属在自己的岗位中学会如何做决定,从而使其积累经验。但由于人性的弱点,在碰到困难时,他们会趋于妥协,而妥协即逃避。所以每当他们妥协时,我都会教育道："你之所以会妥协逃避，就是因为缺乏向前的勇气。"

为了锻炼下属，我甚至会让他们尝试去进货。大阪的船场一带历来商业繁荣，那里的一位老板曾经对我讲："卖货靠掌柜，进货靠自己。"换言之，进货是关乎利润的大事。而卖货只要卖得便宜就能卖出去，换谁都能干，所以交给掌柜即可。那位老板还说："进价如果高，那就没赚头了，所以我会想办法让进价比别家都便宜，因为利润的大头就在那里。"

正因为进货如此重要，所以才有"进货靠老板"的说法，但我却故意让下属学习实践如何进货。这等于是一种"枪林弹雨的战场"，为了进货便宜，必须向供应商压价到底。

但供应商也要赚钱，因此会说："你压得也太过分了，我可没法再便宜了……"然后软磨硬泡，诸如此类。这样一来，负责进货的人也不好意思杀价太狠，于是以一个并不理想的"协议价"成交。换言之，由于顾及面

付出不亚于任何人的努力

子而选择妥协，这也就是逃避。

每当这种情况发生，我都会训斥下属道：

"你有种再逃啊，我拿着机关枪，在你后面朝你射击呢。反正前后都是死，你还不如向前杀敌，尚且还有一条活路。但倘若你选择后退，看我不一枪打死你！"

我说话就是这么狠，而且态度也是凶神恶煞。我甚至还会说："不行你就走人！我不需要你这种家伙！在公司干了都 10 年了，居然还这么没用！"

在我这样的"逼迫"下，下属便只能向前冲。越是对怯懦之人，越不可纵容其踌躇迷茫，而应将其逼至"绝境"。而其屡次战胜这种绝境之后，便等于是经受住了"枪林弹雨"的考验，从而便获得了真正的胆魄。由此可见，我这里反复强调的"枪林弹雨的战场"并非"打打杀杀"，而是对工作职场、实干现场的比喻。

总之，以本质善良、温和、稳重之人为对象，对其予以实践历练，当其拥有真正的胆魄时，便成了优秀的可用之才。

（1982 年）

26 让下属放手去干

真正的领导苗子或许并非靠教育培养能获得，而是要靠发掘。一旦发现"好苗子"，哪怕对方尚不成熟，也要让其试着担任经理等管理职务。企业应该敢于更换管理干部，而对于被换下的干部，也要充分给予其恢复原职的机会。通过这种开明的竞争法则，之前被忽略的人才和潜能势必会显现。

我强调过无数次，若想打造高收益、抗风险的强大企业，关键在于"培养出色的经管人员"。

想必不少人有过这样的体验：一个部门的设备和人员毫无变动，仅仅是替换了主管领导，其部门业绩就发生了惊人的变化。换言之，"换个领导，业绩变天"。这样的事情，大家应该多多少少都有经历。

由此可见，在日本经济进入低速增长甚至零增长的今天，不仅是京瓷，所有的日本企业都需要发掘和起用真正优秀的经营人才。

纵观之前的经济高速成长期，不少靠"年功序列制"（年功序列制是日本企业按职工年龄、工龄、学历等条件，给职工增加工资和予以晋升的制度。——译者注）当上社长的人虽然才能平平，但其掌管的公司依然业绩不错，这是由于大环境利好，哪怕经营方针安逸中庸，企业也能搭着"整体景气"的便车前进。但现在不同以往，当今时代需要的是"真正的经营人才"。

在我看来，今年是企业管理层更迭的重要一年。那么问题来了，怎样的领导才算称职优秀？我自己也一直在思考该问题，但难以用一句话回答清楚。

但我下意识地认为，真正的领导应该工作热心、态度认真、独立自主、懂得利他、责任感强、埋头研究、勤于钻研、光明正大，且对自己当下的工作和将来的发展满怀信心，对自己的工作和职责具备明确的认识，比如清楚工作的计划和结果，并能清晰地描绘出事业的未来图景。此外，要性格乐观开朗，还要有一点点运气。我举了这么多特质，在我看来，如果一个人能够拥有上述所有特质，哪怕都只沾一点点，就是能够成为优秀领

付出不亚于任何人的努力

导的苗子。

那么，上述特质能够通过教育和培养来赋予吗？我觉得恐怕很难。

我一直以《京瓷哲学》为纲，着力对员工的教育以及与干部的对话。我会悉心指导每名员工和干部，指出他们的不足之处。诸如"应该改正这点""应该这么做"之类，可谓苦口婆心。我之所以如此坚持了30年，正是希望培养出称职合格的领导人才。可就连如此经验丰富的我，都觉得靠教育恐怕培养不出理想之才。

那么，是不是说教育无用呢？并非如此。或许我没能通过教育培养出前面提及的"真正的领导苗子"，但至少培养出了大批优秀的企业员工，因此教育绝非无用之举。而至于真正的领导苗子或许并非靠教育培养能获得，而是要靠发掘。

今后，我当然会继续坚持对员工进行教育和培养，但也必须发掘出真正优秀的领导之才，从而带领包括京瓷和相关企业在内的整个集团能够在如今这个低迷混沌的经济形势下继续健康发展。

一旦发现"好苗子",哪怕对方尚不成熟，也要让其试着担任经理等管理职务。通过这种方式，之前被忽略的人才和潜能势必会显现。

优秀的经管人才是我们现在最为迫切的需求。为此，从今年起，对于那些趋于守旧和公式化的事业部门，我觉得有必要进行管理人员和分管领导的大幅调整。但也不是说被换下来的人就一定怎么怎么不好，我还是会给予其恢复原职的机会。因为有的人会在深刻反省后获得成长，从而变得表现突出，所以我才打算引入这种竞争法则。

（1993 年）

付出不亚于任何人的努力

第六章

活化组织

27 确立愿景与使命

> 什么是发展企业的最大原动力？是愿景。那么为了实现这种愿景，什么是企业必不可少的特质？是使命。企业家在向员工描绘愿景时，必须以企业经营的真正目标为前提。换言之，要讲好愿景，就要阐明使命。

1959年，当时我27岁，在多位前辈和同人的援助下，京瓷公司得以成立。当时公司位于京都市中京区西京原町。公司最初的资本金仅有300万日元，员工总计28人。是家不折不扣的小微企业，只要经济形势和市场风向稍有不测，就会破产倒闭。

我当时希望把京瓷做大做强，从而摆脱那种脆弱的"小微企业体质"，但自身又缺乏企业经营的经验，因此不知如何是好。即便如此，在那种"资金设备皆不足""不知何时会倒闭"的情况下，我依然抓住每个机会，反复向员工们阐述自己的梦想。

我对他们说："咱们虽然目前还是一家小微企业，但日后要成为京都第一。等成为京都第一后，再成为日本第一。等成为日本第一后，就要成为世界第一。"

这梦想看似天方夜谭，但我坚持如此向员工反复讲述。

其实，当时即便在京都一地，也有许多看似几乎不可能超越的大企业。但我依然怀揣梦想，并对员工讲了又讲。

结果，起初半信半疑的员工们也渐渐接受了我的梦想，并为之团结一心、努力奋斗。如今，京瓷的业务涵盖以精制工业陶瓷为代表的多个领域，总销售额超过了12800亿日元。

一个企业中的个体是否拥有共同的梦想和愿望，从根本上决定了该企业的发展势头。如果全体员工拥有美好梦想和愿望，并以坚强的意志付诸行动，便能激发排除万难的力量。而这种梦想和愿望便是"愿景"。假如企

付出不亚于任何人的努力

业家能够描绘企业的发展愿景，并将其与全体员工共有，便能为企业发展带来最大的原动力。

而要实现愿景，"使命"则不可或缺。企业家在向员工描绘愿景时，必须以阐明使命为前提。

我为何想让京瓷成为世界第一？其目的何在？对京瓷而言，企业发展的目的在于"造福为京瓷奉献的广大员工，实现他们经济的富足和心灵的幸福"。

但我并非一开始就定下该使命。关于它的由来，缘于我与员工之间发生的一段插曲。

那是京瓷创立第三年的春天，一批高中学历、入职一年、渐渐熟悉工作内容的年轻员工结成一伙，拿着按了血指印的请愿书，突然找到我，逼我实现他们的诉求。他们对我说："我们对将来感到不安，希望你能保证我们将来的加薪、奖金等待遇。"

不管我怎么苦口婆心地解释公司的现状，他们仍旧不依不饶。结果，在公司里谈不拢，于是我把他们带到我当时住的廉租房里继续谈，一直谈了三天三夜。

当时，我真心诚意地对他们说："我会拼命努力工作，从而实现超出你们要求的待遇。这是我目前唯一能答应你们的事情。希望你们信任我，并敢于与我一同奋斗。"

我甚至还说道："倘若我将来有什么背叛你们的举动，你们大可杀掉我，我绝无怨言。"见我说到这份儿上，或许是被我的诚意所感染，之前态度顽固的他们也泪流满面地撤回了他们的请愿书。

就这样，这帮年轻员工的骚动总算解决，我本该松一口气，可那晚却夜不能寐。这件事迫使我重新思考京瓷存在的理由和目的。

我生在鹿儿岛，二战结束后，家里的生活十分艰苦。而在大学毕业就职后，虽然工资微薄，但我一直坚持每月给老家的父母和兄弟寄点生活补贴。

付出不亚于任何人的努力

可就是在还无法给自己家人充分经济支持的情况下，我却不得不保证与自己毫无血缘关系的员工们的生活和将来。这让我一度觉得经营企业真是一桩荒唐的差事。

说起创立京瓷的初衷，原本是为了"让稻盛和夫的技术得以问世"。之前工作的公司未能充分认同我的技术，而在京瓷，我能充分发挥自己的技术，再也不用看人脸色，因此起初我十分欣喜。

可那批年轻员工的请愿风波让我意识到，身为企业家，比起自己家人的幸福和自己的"技术梦"，必须把员工们的生活幸福摆在首位。没想到做企业是这种苦差事，这让我烦恼不已。

但在思考了一整夜后，我打心里想通了：经营企业的真正目的和使命不应基于企业家的个人愿望，而应基于广大员工及其家庭的福祉，这是企业经营的重中之重。

于是，我舍弃了"让稻盛和夫的技术得以问世"的目的，将京瓷的使命变更为"追求全体员工物质和精神两方面的幸福"。但倘若止于此，则无法尽到公司作为社会公器的责任，于是我又加了一句"为人类、社会的发展进步做出贡献"。

由此，京瓷的使命正式定为"追求全体员工物质和精神两方面的幸福，同时为人类、社会的发展进步做出贡献"。我将其定为京瓷的经营理念，向全体员工明示，并一直努力让他们理解、与他们共有。

如此改变了企业经营的使命后，我之前抱有的烦恼瞬间烟消云散，并且下定决心，为了完成自己定下的崇高使命，要不惧艰苦、坚持努力。

（2007 年）

付出不亚于任何人的努力

28 感染员工

> 企业家必须培养能与自己苦乐与共、心灵相通的员工，此谓企业经营的第一步。为此，企业家自身必须先敞开心扉、爱护员工。

不管是经营中小企业还是大企业，其第一要诀是相通的。即让员工认同自己的理念，打造团结一心的职场人际关系。此谓企业家工作的第一步。

众所周知，京瓷的经营理念是"追求全体员工物质和精神两方面的幸福，同时为人类、社会的发展进步做出贡献"。我也在不同场合讲过无数次，该理念定于京瓷成立后的第三个年头，缘于当时大约 10 名高中毕业的年轻员工所掀起的一场风波。面对他们关于奖金和加薪等福利待遇的具体诉求，我花了三天三夜说服他们。由此我得出了企业的经营目的和理念"追求全体员工物质和精神两方面的幸福"。换言之，我认识到，这个企业应该是为了员工而存在，而不是为了股东而存在，因此我拼命努力奋斗，并号召全体员工跟随我奋斗。

不仅如此，当时京瓷正值创业初期，一旦活儿干不完，大家只得加班加点，而且不怎么给加班工资，因此有的员工开始发牢骚。我当时对此很不解，我自己明明在为了大家拼命努力，可居然还有员工不断抱怨，于是我对那些人说："既然不满，那你们另谋高就吧。我们公司刚成立不久，基础弱，底子薄。所以才要大家团结一心，共同创造美好生活。在这样的节骨眼儿上，你们却只顾为了眼前的待遇而计较，我们公司不需要这种员工，你们走人好了。"就这样，在我坚决的态度下，那些人自己辞职了。剩下的员工都是被我的思维方式所感染的人，他们对我说道："社长您说得对，我们要和您一起打拼。"

企业规模越小，企业家就越需要感染员工，必须让他们心生追随之意。为此，我一直强调，企业家要多多举办"空巴"，和员工促膝交流。

我以前在酒话会上经常唱斗志昂扬的歌曲。比如《爱马进军歌》，里面有句歌词是"饥肠辘辘，流泪喂马"，意思是自己还没吃饭，却先给与自己苦乐与共、一同奋斗的爱马喂食草料。领导只有具备这种精神，下属才会

付出不亚于任何人的努力

追随你。

所以说，若要经营企业，先不要考虑其他，而应该先感染下属，让员工们觉得"哪怕吃苦，哪怕辛劳，也要追随这位社长"。这样的话，即便企业家提出有点不近人情的要求，员工也会接受。身为企业家，应该把培养这种"同呼吸共命运"的关系视为首要任务。反之，倘若企业内有对此完全抵触之人，则应尽早清除这种破坏团结的"害群之马"。

对此，可能有人会抱有异议，认为这样会导致企业的员工都是一群"溜须拍马之人"。但要知道，有时候处理问题并不能认死理。像我这种毫无才学的社长，只有团结全体员工，让大家的力量拧成一股绳，才能让企业发展壮大。当年一无资金、二无技术的京瓷之所以能够在市场竞争中存活并成长，靠的是全体员工的力量。因此，我们不需要"不和谐因素"的存在。这是我经营企业多年的心得。

总之，企业家必须培养能与自己苦乐与共、心灵相通的员工，此谓企业经营的第一步。为此，企业家自身必须先敞开心扉、爱护员工。倘若企业家能做到这一点，不仅是正式员工，就连临时工都会被感染。而也只有这样的企业，才能够顺利发展。

（2008 年）

29 阐明工作的意义

想让员工成为与自己同舟共济的伙伴，就需要"明确事业的目的和意义"。换言之，关键要"树立光明正大且符合大义名分的崇高目标"。

一个人再怎么努力也有局限，因此需要与自己意气相投、共同打拼的伙伴。为此，要把员工当伙伴对待，要真诚地接纳他们，对他们说"我就指望你们了"。"我就指望你们了"这句话很重要。可能有人会担心这么说搞不好会被员工看轻或失掉威信，但其实大可不必害怕。要想建立纽带，这句话就必须说。

"我就指望你们了，所以你们一定要助我一臂之力。大家要像父母、兄弟一般亲如一家，共创事业。大家不要认为自己只是个打工的，而要以主人翁精神投入工作。"企业家必须像这样让员工树立意识。这样的话语其实能够激发员工的积极性，因此非常重要。

说得俗一点，这可以叫作"追员工"，就和年轻小伙子追小姑娘一样。这听起来可能有点怪怪的，但二者本质上确有共通之处：向员工表达心意，让员工追随自己、一同奋斗。这种做法是激励员工最好的办法。

而要想成功"追到"员工、让其成为自己事业上的伙伴，就要做到我所提出的"经营十二条"中的第一条"明确事业的目的和意义"。而为了做到这一点，首先要"树立光明正大且符合大义名分的崇高目标"。

许多人觉得京瓷一直是一家高科技企业，一直在做别人做不到的事情，其实这样的观点稍有偏差。作为京瓷主业的工业陶瓷，说白了就是把金属氧化物原料研磨成微粒子，然后使其成型，最后在 1700～1800 摄氏度的高温下烧制而成的产品。在如此高的温度下，火焰不再是红色，而是白色。如果不戴上专用护目镜，则完全看不见高温炉中的情况。这正可谓如今人们口中的"三大差活儿"——苦活儿、脏活儿、危险活儿。由于要捏制粉末，使其成型，因此搞得身上和周围一片脏是家常便饭。

付出不亚于任何人的努力

要做这个工作，就必须整天和粉末打交道，这很难让人联想到高科技。如今的京瓷董事会主席（该讲话发表时的职务）伊藤谦介先生起初亦是如此。

当年他毕业后，便入职我之前干过的公司。他被分配到研究室，成了我的助手，且工作十分努力。但我当时意识到，必须进一步提升研究室下属们的工作热情。

于是乎，我总是晚上召集他们一起开会。

我对他们说："我让你们进行的研究，本着这样的目的，有着这样的意义。东京大学的教授也好，京都大学的教授也罢，即便是无机化学专业，也还未有人染指这个领域，所以我们可谓先锋，在进行非常了不起的研究工作。大家或许觉得每天不停地捏粉成型单调枯燥，也看似稀松平常，但纵观全世界，这种烧制氧化物的研究项目也只有顶尖大企业在做，可谓科技最前沿的研发。如果咱们的研究成功，就能用于这样的产品，对社会的意义重大。而研究成功与否，全凭你们的协助。拜托了！"

假如只是叫下属"好好用研钵磨粉"，那自然无法调动下属的积极性。因此要阐明其中的意义。当时是昭和三十年（1955年），离二战结束不过10年，日本经济很不景气，依然属于穷国，就业形势也十分严峻。许多年轻人毕业后好不容易找到一份工作，虽然只是个每日两点一线的职员，但如果能够发现自己在做的这份工作的意义，就能提升热情，发挥主观能动性。这也是我一直强调工作意义的原因所在。

（2004年）

付出不亚于任何人的努力

30 对工作要有自豪感

> 身为企业家，必须让员工抱有对工作的自豪感，要让他们觉得"自己从事的工作最最了不起"。对工作也好，对公司也好，员工要拥有这样的自豪感。

早在 30 年前，京瓷便着手研发太阳能电池，斥巨额资金，长年赤字，如今该项目总算开花结果。当年立项正值第一次石油危机，经过 30 年耕耘，才有了京瓷如今的太阳能电池业务。所以 NHK 电视台的 *Project X* 纪录片摄制组找到我，我刚刚接受完他们的采访，编导问了我一个问题，他说："您为何（对该太阳能电池项目）如此坚持和执着？"我答道："人类所依赖的石油等传统能源有朝一日必会枯竭。而把太阳光转化为电能的太阳能电池必定会成为人类未来的救星。出于该想法，我无论如何都要干成这番事业。再加上当时的京瓷还只是一家名不见经传的中等规模企业。倘若能够在能源产业中分一杯羹，则会大幅促进企业未来的良性发展。鉴于这种对人类未来的担忧和作为企业家的少许野心，我一路努力坚持了过来。"

正因为我提出了"拯救人类"的大义名分，该项目团队的同人们才会在最初便立下"为社会、为世人竭尽全力"的决心。

在研发初期，我们京瓷和夏普、松下电器产业（如今的 Panasonic）成立了合资公司，因此两家公司的相关技术人员被外派到我们京瓷工作。合资公司解散后，这些外派的技术人员本应回到自己的东家，但在我对该项目义无反顾的热情感召下，再加上我一直强调的大义名分，他们心生共鸣，于是辞去了老东家的工作，留在了当时并非名声显赫的京瓷，一直工作到退休。

他们都是毕业于一流大学且专业水平出众的高技术人才，我之所以能够说服他们，让他们对于该项目投入火一般的热情，靠的是"大义名分"。我一直对他们说："该项目是为社会、为世人做贡献的项目，为了解决人类未来的能源危机，太阳能电池必不可少，因此它值得我们拼上命去放手一搏。"就这样渐渐感染了他们，最后

付出不亚于任何人的努力

他们都自愿留在京瓷，与我一同推进太阳能电池的研发事业。

可见，企业家必须树立员工的自豪感，让员工觉得"自己在从事如此了不起的工作"。优秀的技术人员都是高智商的知识分子，倘若从事的研发工作持续赤字，一般来说会感到灰心气馁。而京瓷的太阳能电池项目之所以能够在忍受住30年的寂寞后取得成果，靠的是技术人员孜孜不倦的态度、始终不变的自豪感以及持续不灭的热情。

所以说，身为企业家，必须让员工抱有对工作的自豪感，要让他们觉得"自己从事的工作最最了不起"。对工作也好，对公司也好，员工要拥有这样的自豪感。总之，"自豪感"是第一要素。

（2005 年）

31 注入能量

将自己的心念变为强大的能量，并将其注入下属心中，从而让下属振奋激动，发出"一起放手去干""这事儿准能成"之类的共鸣。作为企业家，必须做到这一点。倘若无法让下属满怀信心，便无法达成任何艰巨的目标。

要想挑战艰巨的目标，关键在于激发下属的干劲儿。

对于面对困难而却步的下属，企业家应该让他们树立信心，比如告诉他们"只要方法得当，问题就能迎刃而解""只要把这两种方法加以组合，便能突破瓶颈"等。

在京瓷创业初期，我一直这样教育下属。我对他们说："客户告诉我，迫切需要制造出这种新产品，但迟迟无法实现，十分头痛，因此拜托我们来做，于是我接受了该要求。这的确是个极为艰巨的任务，毕竟我们的竞争对手都没能做出这种新产品。但只要把我们现有的技术与这样的方法和材料相融合，再以这样的流程去研发，

付出不亚于任何人的努力

我觉得就应该有戏。在东京争取到这个订单后，回来的火车上，我一直在思考，凭借我们积累的经验，加上这样的新工艺，我觉得这个任务并没有那么难。"如此这般，我将自己的想法对他们娓娓道来。

"您说得对""明白了，您讲得有道理""原以为是不可能的任务，但听您一说，我觉得咱们能行"……在获得下属这种肯定的回应之前，我坚持不懈地拼命劝说。在他们流露出赞同的表情之前，我决不放弃，一个小时，两个小时……不停地阐述自己的想法。

在我看来，这是一个传达"思想能量波"的过程，这份"无论如何都要成功"的心念，变成了一股能量，注入了下属心中。换言之，只要心念够强，便能变为强大能量，而所谓"注入"，即让下属理解和接纳，让他们打心底觉得"此话有理""能够成功"。

在如此激励下属时，企业家必须认真、努力、全心全意，本着一颗"誓要被理解和接纳"的心，才能实现"能量的注入"。反之，倘若只是单纯的冗长说教，则绝无效果。要将自己的心念变为强大的能量，并将其注入下属心中，从而让下属振奋激动，发出"一起放手去干""这事儿准能成"之类的共鸣。作为企业家，必须做到这一点。倘若无法让公司上下全体满怀信心，便无法达成任何艰巨的目标。

（2008 年）

付出不亚于任何人的努力

32 率先垂范

领导只靠念念叨叨是无法打动员工的。只有员工自身的心态转变，才会自然而然地激发主观能动性。因此，身为领导，必须向全体员工阐明企业的经营方针，让大家在认知一致的基础上营造"自我燃烧"的积极氛围。与此同时，领导必须以身作则，以自身的行动默默教育和感染员工。

各位在座的营业所所长，大家如果想说服自己的员工，让他们听取你们的意见，最好的方法是凭借你们自身的实际行动。换言之，光靠说不行，关键在于你们怎么做。

比如，每天早上，各位必须比员工早到公司，不然怎么能管理员工、激励员工呢？要真正打动人，不能靠三寸不烂之舌，而要靠率先垂范、以身作则。倘若只会说教，自己却无法成为表率，员工势必会不服不满。所以说，领导要从自身做起。

各位的实际行动决定了一切。身为营业所所长，至少要在自己的下属面前起到表率作用，让他们觉得"所长都这么拼了，可见他的确不是嘴上说说的，我们也要努力了"。反之，各位如果不能在日常工作中做到"言传身教"，就无法让员工转变心态和意识。换言之，各位既然身居营业所所长这一要职，就必须以身作则，以自身的行动默默教育和感染员工。

我希望各位提升人格，成为一个不辱使命的领导。我再强调一遍，领导只靠念念叨叨是无法打动员工的。只有员工自身的心态转变，才会自然而然地激发主观能动性。

为此，各位必须向全体员工阐明企业的经营方针，让员工们做到认知一致。要对你们的下属说："追求大家物质和精神两方面的幸福，便是我们的使命所在。保障大家的生活，是公司的根本任务。而要想保障大家的生活和家庭幸福，咱们营业所就必须提升业绩。如果营业所业绩不佳，便会影响到整个公司。所以我对大家发火，并不是因为对大家有仇有怨。请大家再好好想一想我说的话，为了自己的生活，为了自己的家庭，让我们一起奋斗。"通过这样的呼吁，便能营造"自我燃烧"的积极氛围。

刚才也提到了，在"言传"的同时，"身教"也不可或缺。所谓"身教"，即各位平时的一举一动。这一举一动，必须能够增加下属对你们的敬意和信赖。从早上的出勤时间、日常的工作态度到营业活动，各位都必须做到率先垂范。

而"不断思考"是重中之重，各位从睡醒后的一瞬间起，就要开始专注于思考工作和公司的事。如果能这样从早想到晚，必定能想出出色的点子和创意。

此外，还要把各种与营业相关的数据汇总并打印出来，然后一直揣在身上。这些数据其实比什么周刊杂志和八卦小报要有意思得多。"我们在这个客户身上创造的业绩是这些，该如何提升业绩呢？这么做如何？那么做如何？"……通过这样审视数据、不断思索，便能有所收获。而倘若能够坚持下去，便能增智增慧，进而付诸行动，最终提升业绩。

（1984 年）

倘若只想着自己,自然没人愿意追随你。身为社长,应该成为公司的代言人,甚至是公司的"人格化载体",进而向员工发声。换言之,社长必须为公司代言。而这个要求不仅限于社长,凡是当领导的,哪怕是小集体或小组织的领导亦不例外。此外,领导还必须能够为了集体大局而承受损失、做出牺牲。这也是领导的必要品格。

我一直强调,我稻盛和夫既然是京瓷公司的社长,所思所想就必须为了京瓷。公司是个组织,不是生物,它不会说话。哪怕遭遇资金困难,它也不会发声,只有依靠公司的财务负责人来发布信息。同理,公司自己也不会道出诸如"增加营收""稳健经营"之类的期望。因此只能由我这个社长、这个公司的代表人说出来。为此,我要先进入角色,全心全灵地为公司着想,以公司代言人的立场,先对我自己阐明公司的期许和希求。

于是问题来了,既然成了公司的代言人,那我何时才能回归自我呢？显然，在我回归自我时，我的所思所想便不再围绕公司。说白了，在我做自己、想自己的事情时，公司的代言人就等于缺席了，这自然是不正常的。所以说，这便是社长的使命，虽然听起来有点可怜，但既然当了社长，就几乎再也没有什么自我了。

对于公司的属性，一般来说有两种观点。一种是"公司法人观"，即公司只是股东的集合，这种集合是无机体；另一种是"公司拟人观"，即公司虽然归股东所有，但其拥有自己的人格。前者是资本主义的主流观点，理由是公司并非生物，其不拥有痛痒之类的感觉，只是股东掌控的一个集体而已。公司属性的问题在会计学中属于牵涉财务处理的命题，但我在此希望用更偏重"精神论"的角度来探讨它。在我看来，公司拥有人格，而其人格的代言人便是社长。倘若社长只在每天上班的 8 小时内思考公司的事情，下班后就想着自己，则对公司是十分不利的。所以说，社长必须时时刻刻不间断地为公司着想、为公司代言。

而当公司利益和自身利益同时摆在眼前，社长应该选哪边呢？我认为，只有能够下意识地忽视自身利益、保护公司利益的人，才有资格成为社长。在美国等西方国家，不少企业家主张个人和公司"五五开"，既要重视公司利益，又要重视自身利益。这还算好的，而更要不得的是把自身利益放在首位，在保障自身利益的前提下如果还有富余，才思考公司的利益，这种反面教材在日本亦存在。而这样的人经营企业，只会给企业带来灭顶之灾。

总之，身为社长，身为企业经营的负责人，应该摈弃私心。这也是企业付给社长高工资的原因：都给你这么多钱了，就应该埋头打理公司，不要再为那些小里小气的琐事分心。

不仅是社长，凡是当领导的，哪怕是小集体或小组织的领导亦不例外。如果不能把自己管理的组织放在第一位，下属就不会甘愿追随你。一个整天想着自己的领导，自然无法获得人心。关于这一点，想必在座的各位也明白。

付出不亚于任何人的努力

此外，领导还必须能够为了集体大局而承受损失、做出牺牲。这也是领导的必要品格。如果一味执着和爱惜自己的羽毛，则称不上是合格的领导。

今天在座听我讲话的各位同人，应该都是从普通员工晋升的管理人员，但你们要清楚，自己当下的职位并不算什么，我希望你们以后能为公司发挥更重要的作用，最终成为公司的接班人。我们京瓷的接班人，必须是能力卓著、性格开朗、品格优秀、兼具严苛和温厚之人，必须是人人认同、众望所归之人。

（1981 年）

第七章

创造

34 追求人类无限的可能性

首先要相信自己"蕴藏着无限的能力"，但不可止于空想。因此需要每天踏实地努力，逐渐磨炼自己的能力。为此，必须常怀好奇心，勤于思考新事物、新点子并付诸实践，且乐于实践。

每个人都有无限的可能性。许多人可能没有察觉这一点，但其真实不虚。换言之，我们每个个体都蕴藏着巨大的能力。请大家一定要相信这一点。"无限的可能性"亦可理解为"无限的能力"。

可能有人会说，从小学到大学，自己的成绩一直欠佳，知道自己几斤几两，因此认为"除了大傻瓜外，没人会轻信'自己能力无限'"。即便如此，我还是劝大家要相信我说的话。

我也知道，突然和一个人说"你有无限的可能性"，绝大多数人都会不以为然，但也正因如此，这世上成功者才只是极少数。如果能打心底相信自己能力无限，则必能成功。当然，相信也要建立在能力的基础上，假如能力不足，却突然充满自信地认为"自己有无限的能力"，则只能说是缺乏稳重、行事轻率之人。

虽然我在这里强调"能力"，但能力并非只限于头脑方面。我所指的"能力"是一个人在社会上的优势，其涵盖各个方面，当然也包括健康和体力。在学校，或许老师只看重学生的头脑和成绩，但进入社会后，能力的概念就不止于此了。作为一个社会个体，身体健康亦是一种能力。如果一个人从未得过大病，就连感冒都没得过，那么其与体弱多病的人相比，自然算是拥有一种优势、一种能力。所以说，能力是多方面的，也包括身体方面。

前面也说了，光讲"能力无限"，可能很难让大多数人相信。所以我也可以换个说法，即"通过磨炼能力，人可以进步和提升"。

这真实不虚。比如一个人如果早晚坚持运动并注重养生，自然会变得愈发健康；一个人如果坚持体能训

付出不亚于任何人的努力

练，则会变得愈发强壮。而头脑亦不例外，智力也会在磨炼中提升。反之，如果不加以磨炼，则只能原地踏步。因此我希望大家相信自己能力无限，并从今天起努力磨炼它。

大家要认识到，自己之所以未能察觉自身无限的可能性，是因为缺乏磨炼能力的意志，是因为缺乏提升能力的努力，所以我强调应着手磨炼它。为此，首先要坚信自己的确"能力无限"。

这种信念至关重要。而实践这种信念，即是磨炼能力、提升自我。为此，必须脚踏实地、不断努力，每天一点一滴地积累。

与此同时，还必须在工作中坚持创新，要具备"今天要比昨天有所进步，明天要比今天有所进步"的精神，不满足于每日的单纯重复，而是每天不断发挥创意，努力有所提高、有所突破。尤其在从事具有创造性的重大工作时，这一点非常重要。

换言之，看似不起眼的踏实努力，加上不断的坚持创新，便是提升能力、获得进步的原动力。

总之先要对自己的能力有信心，但光有信心还不够，还必须每天坚持不懈地磨炼它。

我所强调的"追求人类无限的可能性"并非只适用于拓展事业，其可谓普遍适用的道理，在应对困难时亦适用。假设碰到了经济萧条，订单数量骤减，企业领导会要求营业部长努力去争取订单。于是，营业部长自然会解释当下严峻的大环境和情况等，还会强调拿到订单的难度、同业者的苦境。换言之，这不是自己的错，整个行业都不好……如此这般地罗列出一堆理由。这样一来，领导会觉得问题出在经济大环境，属于客观原因，自己对下属的要求可能太过苛刻，于是倾向于缓和与妥协。

而在企业规划将来的发展时，亦会出现类似问题。比如，企业家担心固守旧业能让公司走多远，可能公司是从父亲那里继承来的，但在瞬息万变的时代下，原本

　　　　付出不亚于任何人的努力

的老生意却越来越难做，而在参考朋友和周遭人的情况后，便心生诸多想法，想尝试各种领域，开拓新的生意。如今，各种报纸和杂志都有许多畅想 21 世纪的文章，这自然让人心驰神往、跃跃欲试，可无奈自身能力不足，一无技术，二无资金，于是心生放弃……

大多数人都有这样的思维模式，但我劝大家一定要跳出这种模式。既然人拥有无限的能力和可能性，我们就不该在罗列一堆不利条件后轻易放弃，必须坚信"天无绝人之路"。这便是我所强调的"追求人类无限的可能性"。

我知道，要立刻相信这一点并付诸实践并非易事，但我希望大家至少先改掉"遇事轻言放弃"的行为模式，而应该心怀"尝试后或许能成"的希望。拥有希望，才能付诸实践；付诸实践，才能踏实努力。这也许好比尺蠖爬行，非常缓慢，但这样一步一个脚印即可，因为万事开头皆如此。

在京瓷创立后的第 25 个年头，也就是 1984 年，我成立了第二电电（如今的 KDDI）公司，向与工业陶瓷毫不相干的电信业进军。对我而言，这是完全未知的全新领域。

从明治时代起，日本的电信业便被电电公社（如今的 NTT）所垄断，它是一家当时员工超过 30 万人的巨头级国有企业，其电信网覆盖日本全国各地。光是它旗下的研究所就拥有数万名技术人员，在从事着专业研发工作。所以我们当时好比门外汉挑战业内航母，所进行的完全是有勇无谋的战斗。在普通人眼中，这无疑是飞蛾扑火，因此在面对这般强敌时，他们都会不战而退。分析情况，觉得行不通，然后放弃，这便是大多数人的思维模式。但我这个"愣头儿青"不同，因此当年日本政府向民营企业开放电信业时，我们第二电电是第一个报名的。在旁人看来，这实在是鲁莽之举，所以我当时受到诸多质疑。

倘若对自己的能力没有信心，那么我的行为便无疑等于"堂吉诃德战风车"。在旁人眼中或许是"鸡蛋碰石头"，但由于我相信自己拥有无限的可能性，因此认为

"只要坚持努力，必能拨云见日"。

我创建第二电电、进军电信业时，已过了知天命之年。换言之，我在挑战这全新领域时，早已不年轻了，但我依然取得了成功。这也佐证了我的观点：只要追求人类无限的可能性，便能排除万难、实现目标。因此大家也要相信自己蕴藏着了不起的能力，并将这种信念付诸实践。要时刻在工作中发挥创造性，勤于思考，踏实努力。如此日积月累，便能磨炼自己，从而获得提升和进步。

那么，何种人较易接受和实践这种模式呢？在我看来，还是要数主观能动性强的人。人生在世，不以悲观之念判断事物，而是积极主动，乐观开朗，自动自觉地思考问题并付诸行动。哪怕是因为子承父业而成为企业家，也不死守固有生意和业务，而是充满好奇心，不断浮现新点子并进行尝试，且乐在其中。这样的人更容易"追求人类无限的可能性"。

而我亦是如此，在创立第二电电时，我并非一味抱有悲壮感，而是遵循自己的企业哲学，满怀信心，不断努力，因此奋斗过程中亦包含乐趣，或者说乐观主义色彩。倘若一味悲壮，则势必会不堪重负。所以说，要成就新事业，就必须拥有乐观开朗的性格特征。

这便是我所强调的"追求人类无限的可能性"。

（1999 年）

付出不亚于任何人的努力

35 乐观构思、悲观计划、乐观实行

在设定目标时，必须非常乐观。在制订计划时，则需要悲观地重新审视构思。而在实行阶段，则要极度乐观地放手去干。这便是成就新事业的要诀。

要想做成新事情、成就新事业，比如研发新产品或者开发新技术，首先必须乐观地构思。换言之，必须心怀"无论如何都要实现"的坚定梦想和希望，非常乐观地设定目标，这是成事的关键。以乐天派的态度设定目标，或许有人会对此提出异议，但我认为这是正确的做法。倘若在起点便自己给自己造起壁垒，就难以鼓起实现梦想的勇气。大家要相信上天赐予我们每个人无限的可能性，所以我们要反复对自己说"我能行"，从而实现自我激励。

当然，凡事不可一味盲目乐观，因此在制订计划时，则需要悲观地重新审视构思。这里的悲观，是指小心谨慎地周密思考将会遇到的现实困难。

而在想清针对这些"悲观要素"的对策，将计划制定完毕后，则应以乐观的心态付诸实行。这时不应再抱有悲观的情绪，否则难以行事果断，势必难以取得成功。

　　既然要开展新业务或成就新事业，要么拥有我上面所讲的"应变力"，做到在三个阶段相应地转换心境；要么就学会用人，在三个阶段配置相匹配的负责人。

　　乐观构思、悲观计划、乐观实行，这听起来似乎还是有点抽象，所以接下来以我们公司研发一款新型照相机的案例来说明。

　　当时，我从自己的思想和哲学出发，觉得必须做出一款拥有新特性的相机。可由于公司当时技术实力有限，我们缺乏所需的核心科技。

　　于是，我问研发负责人："（研发）要花多少时间？"对方的回答是"三到四年"。我回应道："岂有此理！我最多给你一年半的时间，我的希望是一年内完成。"结果他说："这（研发项目）需要大量的技术积累，而且我们

　　付出不亚于任何人的努力

公司里没有掌握相关技术的人。"不光是他，公司里的干部和优秀的技术人员几乎都说做不到。

当时，那帮人里只有一个人说"我看行"，于是我命令他负责该项目。其他人或许觉得"公司一无人才，二无技术，研发怎么可能成功？盲目乐观而出头的人，到最后不但会失败，还会被领导骂死"。我们京瓷一向鼓励员工勇敢尝试，不纠结于失败追责。即便在这样的企业文化下，当时绝大多数人依然裹足不前，不愿参与该项目。其实我心里也明白公司当时的技术瓶颈，而对于那个敢说"我看行"的人，我也知道他并没有成功的包票。而我就是在明白这一切的基础上，命令他挑头去干。这便是"非常乐观地设定目标"。

聪明人思前想后，往往会以悲观心态设定目标，于是得出"行不通"的否定结论。在设定目标阶段，我会剔除这样的人，换上会立刻付诸行动的乐天派，哪怕有点鲁莽和冒失也没关系。我知道实行时困难重重，所以不指望设定的目标能轻易实现。

这就像推动沉重的车轮，起步的一推至关重要。这"一推"便是"非常乐观地设定目标"。反之，在设定目标时如果纠结于理论和逻辑，则是无意义之举。只要推动了车轮，接下来只会越转越快，势不可当。

　　但如果放任鲁莽和冒失的乐天派，车轮就会像脱缰野马般迷失方向。因此在设定目标后，就需要制订具体计划。而在制订计划时，就不得不面对诸如"缺乏技术，缺乏人才"等现实问题。但目标已定，决心已下，因此只能"兵来将挡，水来土掩"地解决一个个具体问题，比如"从何处招募人才""从何处引进技术"等。

　　在绞尽脑汁、态度悲观地制定完计划后，对于"技术瓶颈""人才缺口"也有了相应的解决对策，于是便进入实施阶段。这时候就要转回乐观心态，切不可再有负面的疑惑。

　　在实施阶段，中村天风先生的哲学是十分受用的。他强调"人生在世，应常怀积极开朗之心，以正面的态度面对一切"。换言之，应彻底摒弃悲观的负面情绪。要

　　　　　　　　　付出不亚于任何人的努力

发自内心地相信"一切皆会顺利"。哪怕中途遭遇失败，也要把失败变为自己成长的滋养。总之，在实行阶段要极度乐观地放手去干，这便是成就新事业的要诀。

（1989 年）

在进行创新、探寻真理时，唯一能信任和依靠的是自己。而是否能够成功，则取决于自身的基准：心灵。心灵必须具备平衡的特质，必须兼有相对立的极端两面。

今天我想讲讲创新。我指的创新包括研发新产品、开拓新市场、思考新事物等。

京瓷创立伊始，我对企业经营一窍不通，处在摸爬滚打的阶段，于是想到基于做人基本的原理原则来运作企业。而对于创新，我也有类似思考，我认为创造与创新不可"向外求"，即不可拘泥于外部或他人的基准，而应该"向内求"，以自身为基准。比如技术研发，因为是要做成别人还未做成之事，所以就如同在黑暗中摸索前进。此时，比起专业知识和经验，当事人的心态和心境其实更为重要。

大家想象一下便能明白，在漆黑一片的街角，前方伸手不见五指，因此只能摸索着前进。如果是胆大的人，便会依靠自己白天似乎曾来过此地的记忆，一边用手左摸右摸，一边大步行走，最终可能会跌入水沟，或者被停在路边的自行车绊倒。反之，如果是胆小的人，则会神经质般地两脚一前一后缓缓挪动，不停用手确认前方障碍，小心翼翼地前进，途中听到各种声响，便愈发害怕，最后吓得腿软，裹足不前。

换言之，胆大的人胆大地走，胆小的人胆小地走，但有一点是共通的：他们都只能把自己触碰到的东西、自己身体感受到的东西作为参照线索。这便是在进行创新时的感受。

我是技术人员出身，原先大部分的工作内容都与研发有关。由于年轻时起便泡在实验室，因此我有过颇为有趣的体验。大家知道，如今在进行化学分析时，用的是专业机器设备，能够很快得到正确数据，但以前只能依靠实验分析。

比如，在对某种物质中的某种特定元素进行定量分析时，如果该元素含量很高，那还好办。可如果含量极低，则很难分析出正确的数据。我们知道，通过加入某种特定试剂，能够知晓特定元素是否存在，这属于定性分析。但如果要测定该元素的具体含量，如果让 10 个学生去测，往往会得出 10 组不同的数据。

大学在教定量分析法时，会先让学生制作含有待测成分的样本，然后让他们通过实验来分析它。由于样本中的待测元素含量是事先定好的，因此实验数据一旦有误，则一目了然，然后通过反复的实验纠正，学生便能渐渐掌握定量分析法。

但即便是掌握得很好的人，一旦要分析未知的物质，数据"10 人 10 个样"的情况还是会发生。

专家在调查大气或水质时，会使用一种名为"微量分析法"的方式。但所得出的数据也会因勘测地点的不同而不同，因此误差依然存在。

说到底，在进行这种测量实验时，即便流程和方法

付出不亚于任何人的努力

都正确，数据依然会因人而异。不是说某人的数据就完全对，某人的数据就大错特错，无论从技术上还是方法论上，大家都没错。而之所以数据会有不同，原因就在操作的过程中。微小的操作瑕疵、细微的精度差异，都会体现在最终的数据中。换言之，有时操作者本人主观认为自己没有犯错，但客观上却是制造了误差。

神经质的人万分谨慎地实验，得出的数据的确会比不仔细的人正确，但与真正正确的数据之间依然有距离。大胆的人大大咧咧地实验，得出的数据自然也是大大咧咧，与真正正确的数据相差甚远。不管是追求正确数据，还是我一开始讲到的创新，唯一能够确认的只有自己得出的结果。

所以说，在进行创新时，所有基准皆取决于自身。

但人是社会性动物，我们日常生活中几乎99%的事物都不是完全基于自身意志的。社会的风潮，他人的看法……这些都成了我们做出判断和决定的基准。换言之，随着社会发展、文明进步，"完全以自我为尺度"的生活方式愈发困难，以他人的尺度为基准，乘上大众所铺设的"价值轨道"。这样的生活方式要轻松得多，因此很容易让人习惯。

偶尔尝试以自我为尺度思考问题，却不愿成为异类而被人讨厌或排斥，于是倾向于"向外求"，以他人或主流为基准，绝大多数人都会在潜移默化中选择这种活法。但若要进行创新，就必须独立思考及判断。唯有相信自己，唯有以自身为基准。

可见，创新犹如发现真理，应该以自身为基准，即以自己的心灵为基准。此时，心灵的境界便显得至关重要了。

"心灵美"当然也属于高境界的一种，但我在这里要强调的是一种"平衡"。换言之，平衡、匀整的心灵是创新成功的关键。不可过于大胆，也不可过于胆怯；不可过于乐观，也不可过于谨慎。

此外，我这里指的"平衡"也并非"不偏不倚"的

付出不亚于任何人的努力

中庸。要想创新和发现真理，就必须兼备相对立的极端两面：原本雷厉风行、敢作敢为的人，有时却又变得谨小慎微；原本性格温厚、体恤他人的人，有时却又变得冷酷严苛。只有达到这样的心灵境界，才能创新。

此时，自己的内心是唯一基准，只能以它为准绳，把实验结果与追求的真理相对照。有时研究结果一直不尽如人意，但如果百折不挠、日夜钻研，便能取得相应的成果。其过程自然十分艰难，但在出成果时，如果是自尊心较强的人，内心的第一反应应该是"（结果）还不完美，还需改进"。但有时成果来之不易，可能已经耗费了一年半左右的时间，于是不愿承认结果的不完美，这也是人之常情。所以有的人会把自己还不完美的研发成果说成是完美的。

可见，由于基准在自己内心，因此要摸着良心做出判断。研发过程相当辛苦，公司领导又反复催促，在这样的压力下，要直言"（结果）还不完美"，的确需要莫大的勇气。

但人不仅仅拥有勇敢的一面，也有虚荣的一面，这是人心的复杂性使然。所以，人在各种因素的影响之下，或许迫于时势，或许碍于面子，明明内心知道"结果还不完美"，嘴上却说"已经大功告成"。而当周围的人对此予以质疑和批评时，便会竭力为自己争辩，罗列一堆貌似说得通的道理。换言之，当事人要么是"真相信结果完美"，要么是"努力劝自己相信结果完美"。

但无论怎样，这都是妄语，是心灵的扭曲。这或许能够取得一时的成功，但最终必然失败。

反之，如果是过于谦虚谨慎之人，则会迟迟出不了成果。哪怕在旁人看来已经大功告成了，本人却顽固地认为"还没完成"，于是时间一天天过去，一年甚至两年后，依然不见成果。明明已经完成，却因为过于谨小慎微而错过时机。直至公司领导也对该研发项目失去热情，项目或胎死腹中，或只能产出让人难以放心的成品。

按理说细心谨慎是好事，研发出的产品应该也不错，但由于研发者胆小怕事的心境，产品也浸染了这种

付出不亚于任何人的努力

"习气"。

我们京瓷的产品线很广,从工业陶瓷到电子器械,可谓品种繁多。但从心灵的视点出发,所有产品都有一个共通之处:它们都是研发者心境的反映。

换言之,胆小谨慎的人做出的东西有胆小谨慎的性质,胆大傲慢的人做出的东西有胆大傲慢的性质。从性能到外观,都如实反映了研发者的心境。可能有人觉得这是天方夜谭,但事实的确如此,不由得你不相信。

因此,广受欢迎的热销新品,自然也是研发者心境的如实写照。所以说,只有到达我前面提到的"心境平衡"的境界,才能研发出真正的好产品。

(1981 年)

37　明天要胜过今天，后天要胜过明天

> 每个人都应具备"明天要胜过今天，后天要胜过明天"的精神，每天坚持改良和进步。一旦这样持续 5 年，便会产生惊人的变化。只要坚持三四年，就能有所创造。哪怕坚持一年 365 天，其变化也会十分显著。

要想让企业发展，就必须在工作中坚持创新。要具备"明天要胜过今天，后天要胜过明天"的精神，持续改良，积累创意。

各位可能十分羡慕我们京瓷公司，觉得京瓷之所以能够接连不断地有优秀的新技术和新产品问世，是因为我们技术实力雄厚。并将各位的企业与京瓷对比，觉得自己缺乏技术和其他条件，所以才无法取得发展，结论是"无可奈何"。但要知道，没有一家企业生来具备技术实力。关键要看是否在工作中坚持创新，是否具备"明天要胜过今天，后天要胜过明天"的意识和思想。

付出不亚于任何人的努力

比如，在我们京瓷，厂房由员工自己打扫。我对他们说："你们要思考如何提升打扫的效率，哪怕每天想一会儿也好。"

但如果只是动员式地征求点子，那么不到一周，新点子就会提完。因此我要求他们每天打扫时不要机械地重复劳动。我说："要试着每天引入一点点变化，比如今天是这样扫地的，那么明天试试那样扫，后天再试试另一种方式。一年365天，每天都做些许新的尝试。"这样一来，就会养成思考的习惯，各种想法也会涌现。

比如，前段时间，我看到火车站在使用一种清扫机，于是我找到车站工作人员，问道："（你们用来）扫月台的是什么机器？"对方答道："那是真空清扫机……"我又问机器的价格，他说："那机器到处有卖，不贵的"，并告诉了我具体价格。我一听，的确不贵。再考虑到如果引进该机器，原本3人的打扫作业1人便可完成，实在太划算了。就这样，我发现了新的解决之道。

可见，与头脑聪明与否没关系，每个人都应具备"明天要胜过今天，后天要胜过明天"的精神，每天坚持改良和进步。一旦这样持续 5 年，便会产生惊人的变化。这个道理并非只适用于打扫，技术研发也好，市场营销也好，财务管理也好，皆是如此。关键要摈弃"365 天天天一成不变"的模式，并把"在工作中坚持创新"作为企业的方针政策。

今天与明天之间的差别微乎其微，可一旦坚持改良 1 年，其差别就会大到超乎想象。改良也好，进步也好，伟大的发明创造也好，都是这样一点一滴积累而成的。今天到明天，感觉不到变化，但坚持个一年 365 天，变化就很大，如果持续三四年，便能取得相当不错的成果。

即便自己没有相应的知识和能力，只要拥有"在工作中坚持创新"的意识，就会绞尽脑汁寻求突破，比如去大学请教相关专业的专家和教授，进而一点点地努力钻研、创新进步。反之，如果没有这样的意识和想法，自然不会付诸各种行动。所以说，我希望各位把"明天要胜过今天，后天要胜过明天"定为自己企业的方针政策。

如今的京瓷业务繁多，覆盖多个领域。但公司创业伊始，我只能靠我的无机化学专业知识，并且还只限于矿物结晶这一狭窄的领域，所以公司当时只能生产工业陶瓷制品。但在公司全体同人的努力下，大家凭着"明天要胜过今天，后天要胜过明天"的精神，坚持创新，拥有了现在的成绩。如今的京瓷，其技术研发及产品线涉及多个领域，包括光学和通信。但追本溯源，就像我刚才说的，公司起步时靠的是较为有限的工业陶瓷技术。所以说，京瓷的成功并非不可复制。没有一家企业在创立之初就拥有优秀的人才和强大的技术团队。

总之，要想让企业发展，就必须在工作中拥有创新意识，每天坚持改良，积累创意。

（1995年）

第八章

挑战

挑战者必须拥有直面困难的勇气、不畏艰苦的忍耐力，以及持续努力的品质。换个角度讲，挑战者应该如同野蛮人般贪婪好斗。反之，缺乏勇气之人、难以忍耐之人、懒于努力之人，是没有资格把"挑战"二字轻易挂在嘴边的。

我们经常会使用"挑战"这个词，它由"挑"和"战"二字构成。"挑"有"挑起、征服"之意。"战"，顾名思义是"战斗，斗争"的意思。有的人还爱用英文"challenge（挑战）"，听起来很酷。但要知道，挑战是一种战斗，需要格斗家一般的斗志。挑战者必须拥有直面困难的勇气、不畏艰苦的忍耐力，以及持续努力的品质。反之，缺乏勇气之人、难以忍耐之人、懒于努力之人，是没有资格把"挑战"二字轻易挂在嘴边的。

倘若以轻浮的态度去挑战，很可能会招致极为惨痛的巨大失败。挑战需要基础，挑战需要前提。只有不怕碰壁、敢于排除万难的人，才有资格去进行挑战。尤其对领导而言，必须具备勇气、倍于常人的忍耐力，并且付出不亚于任何人的努力。这一点非常重要，我希望大家铭记于心。

我已经讲到，"挑战"一词里有"战"字，而挑战也的确就是一种战斗、一场战役。而如果再"简单粗暴"一点，我们也可以把"挑战"理解为一种野性的，甚至是带有些许野蛮的倾向。从该层面看，所谓"文明人"和"有教养的人"，似乎不太热衷于挑战。

纵观历史上文明的兴亡，能发现不少野蛮人征服文明人的例子。比如好战的日耳曼人的入侵，最终导致罗马帝国的灭亡；又比如蒙古民族的四处征战，将其疆土一度扩张至欧洲。文明人与野蛮人对决时，从文化水平上看，知识丰富的文明人本应取胜，但实际结果却并非如此。由于野蛮人更好斗，因此胜多败少。

换言之，要成就新事业、挑战新领域，就必须下定决心"无论如何都要成功"，要具备这种如同野蛮人般的贪婪和好斗之心。

（2001 年）

39 能力要用将来进行时

面对当下做不到的事情，必须具备"不达目的不罢休"的精神，否则便无法取得划时代的伟大成果。对于想成就这种新事业的人，在看待自己的能力时，必须学会"用将来进行时"。

在我看来，在看待和评估自己的能力时，学会"用将来进行时"至关重要。在计划开拓新事业时，即便是大企业，在招募下属、组建团队、思考讨论时，也势必会立刻出现"做不到""行不通"等负面声音。"我们缺乏相关技术""我们缺乏相关方法""我们缺乏相关资源"……诸如此类的理由也是层出不穷。但要知道，以自己和企业当下的能力为坐标，去考量和判断"做得到"或"做不到"，这种事情谁都会。而倘若只会遵循这种模式，则无法推进任何事业。

人的能力永远在不断进步。即便定下的目标似乎遥不可及，只要把自己的能力以"将来进行时"的视角来看待，并不断提升它，目标总有一天能够实现。比如，面对一个大目标，思考 5 年后是否能够实现，然后以自身当下的能力为出发点，针对自己的团队和所在的企业，制订定期的成长发展计划，规划 2 年后能做到哪一步、3 年后能做到哪一步。这是领导必须具备的素质。换言之，对于自己、自己的团队及企业的能力，必须用将来进行时来评估，以发展的眼光看问题。

在京瓷还是一家小企业时，我经常去各家大公司跑业务。"我们（京瓷）从事工业陶瓷的研发业务，能否给我们点儿订单做做？"像这样求客户是行不通的，因为他们已有长期合作的伙伴，不会把熟人在做的订单分给你。再加上京瓷当时只是一家名不见经传的地方小企业，要想争取到订单，只能对客户吹牛："我们能做别家做不出的东西，我们有这个实力。"这么一说，客户才有了兴趣："你们有这个本事？那这个能做吗？"接着拿出样品给我看，是我从来没见过的新玩意儿。

我问客户："这是做什么用的？"对方答道："我们公司在研发一种产品，需要使用这样的部件，但愁于没人能提供，我非常希望你们能够承接该部件的供应业务，我们半年后就要，你们做得到吗？"我既已夸下海口，此时也没法说做不到，只能说"可以"，于是接受了这项任务。

由于当时我本人已经不直接从事研发工作，因此在回到公司后，我召集研发部门的员工，命令他们研发该部件。可在听了我的描述后，他们都快吓晕了："这么难的东西，我们做不出来的啊！"我告诉他们，自己已经答应客户，无法回头了。我知道这样会让他们心中不服。他们可能会想："这完全没道理，明明搞不定的项目，领导却接了下来，还硬要我们做。他平时老是强调不能说谎，要光明正大，要诚实正直，可这次却骗了客户，明明做不到，却说能做到……"

所以我对他们解释道："在佛教教义里，这不算妄语诓骗，这叫'方便之法'，是一种权宜之计。什么叫'方便之法'呢？就是说我虽然在争取订单时说了谎，但只要半年后按约定做出东西来，就不算说谎。所以问题的关键是将来，究竟是让这个谎成为真正的谎，还是通过努力让它变成'方便之法'。"

这其实就是"能力要用将来进行时"的思维方式。换言之，必须预估公司接下来6个月后的研发能力，判断是否能达成该任务。必须拼命努力，使自身能力追上既定目标。从京瓷创立之初到现在，我经常下这种走钢丝一般的"险棋"。通过这种对"能力要用将来进行时"的反复实践，其已然成为我们京瓷的企业文化之一。

总之，在开拓新事业或着手新事物时，切不可以当下的能力来做出判断。必须坚信，不管是自己的团队、企业的能力还是自身能力，都永远在不断进步。

（1989年）

付出不亚于任何人的努力

40 不走跳棋

> 挑战固然重要，但不可无谋而为。切不可接二连三地染指自己不擅长的领域。用围棋来比喻的话，"不走跳棋"便是挑战的前提。

说起挑战的重要性，我首先想到的是当年设立第二电电（如今的KDDI）。在我看来，在京瓷集团的发展史中，其可谓最为重大的挑战。

我一有机会就会向员工强调挑战的重要性，要想生存下去，就不能丧失挑战的精神。而对自己，我也时刻如此鞭策。但我也一直告诫自己和员工，挑战不可无谋而为。换言之，挑战看起来的确很英勇、很酷帅，但切不可有勇无谋。不能靠蛮勇，要靠真正有智慧的勇气去挑战，否则会很危险。我这么说的理由源于"自信的重要性"。我经常说：

"我是技术员出身，自认为对于工业陶瓷和化学方面还是有所学习的，所以只要是关乎诸如化学或精密陶瓷研发等自己擅长的领域，总还是能够理解一二，也能够做出预测判断，自然拥有自信。但如果是自己的未知领域，那我就没有自信，因此也不敢染指。"

我不常下围棋，但偶尔也会与人对弈。有时我走跳棋〔跳棋为围棋术语，向一个方向（横或竖）离自己的子隔一个或多个交叉点走叫作"跳"，隔一个点走叫一间跳，也就是通常说的跳或小跳；隔两个点走叫二间跳，也就是通常说的大跳；隔三个点走叫三间跳，以此类推。——译者注〕，结果自己的落子被孤立，导致之前的布局付诸东流，甚至因为急着冲入对方阵地，而导致自己的落子全灭。因此，自己刚开始学下围棋时，友人便教我，说必须避免自己的落子被孤立，要让它们化点为线。

在挑战新事物和新领域时亦是如此，如果自己对所涉及的领域有自信或熟悉，便能无虞。这和下围棋有异曲同工之妙：若能以"目"（目为围棋术语，由活棋围成的地域被称为"目"，每在棋盘上多一个空交叉点，即多得一目。——译者注）为基础，然后在其延长线上落子，

付出不亚于任何人的努力

或许无法夺取对手的大片阵地，但也没有落子被吃之虞；反之，若在有"目"的情况下贸然走跳棋，则无论多落了 10 个子还是 20 个子，都可能被对手一举翻盘。总之，不可走跳棋，要守在自己擅长的领域。

不仅是围棋，柔道也有与其相似之处。对决时，柔道选手往往会用自己好使的那只手拽着对方的衣领，然后试图使出自己最拿手的招数。如果擅长背摔，就一个劲儿把对方往背摔里引；如果擅长从大腿内侧把对方勾倒，就拼了命把对方拉到自己可以发招的位置……在柔道比赛中，这样的情况十分常见：背摔强的人绝对会使出背摔，而对手也知道这一点，于是为了不让其得手而全力防御。在旁人看来，这似乎有点"憨"——对方知道你要使出这招，势必会拼死防守，可你却"死心眼儿"般地一定要憨出这招。而在双方胶着三五分钟后，对手还是吃了一记漂亮的背摔。所以说，还是一定要在自己擅长的领域内"发招"。

总之，挑战时不要走跳棋，要像化点为线那样，涉足自己有自信的领域，切不可盲目染指自己不擅长的领域。

话虽如此，但在拓展京瓷多元化业务时，其实我自己就破过例，走了跳棋。

那是在创立第二电电时。第二电电的业务属于电信业，与京瓷之前的业务和技术毫无交集。我一直强调"不要走跳棋，跳棋是极险之招"，但当时的我还是自己破了自己的规矩，下决心进军电信业，对抗当时的电电公社（如今的NTT）。至于我为何如此，那是由于有其他因素。

我当时预测今后全球将迎来信息化社会和网络时代，诸如书籍等内容都会被数字化并纳入互联网一样，可当时日本的通信费用却居高不下，我担心日后这会对国民的生活造成很大的负担。

倘若那时高昂的通信费用延续至今，则现在年轻一代平均使用的网络流量费用可能高达数十万日元。处理和交换的数据量越大，昂贵的通信费就越会增加国民的生活支出。为了避免这种情况出现，必须导入正常的市场竞争机制，确保大家能够享受便宜的通信费。

公平竞争催生公平价格，这是自由经济的原则，也是其优势所在——通过自由竞争，杜绝了企业或个人靠垄断牟取暴利的可能性。市场参与者相互切磋、彼此竞争，使定价趋于合理，这便是自由竞争带来的实惠。因此，当时我觉得绝对有必要打破日本电信业被国企垄断的状况，必须有公平公正的竞争，才能把日本的通信费降下来。

起初我期待别家大企业参与竞争，结果却是无人进场。也难怪，当时的电电公社实力雄厚，若贸然与之对抗，搞不好自己会垮掉，所以各家企业都持观望态度，不敢出手。在这样的情况下，我觉得至少要有一家企业站出来与其竞争，否则无法让日本国民享受到较为廉价的通信费，于是我决定进军电信业。理由只有一个——为社会、为世人，我必须这么做。那一次，我违反了自己定下的"不走跳棋"的人生训诫，但后来几乎就没有再冒过这样的险。

我至今依然觉得挑战固然重要，但不可无谋而为。虽说第二电电取得了成功，但我不会接二连三地染指自己不擅长的领域。

总而言之，尽量不要走跳棋，这是挑战的前提。

（2007 年）

　　　　　　　　　　　　付出不亚于任何人的努力

41 要思考至"能够看见"

要想工作或创业顺利，就必须设想洞察全局，要连最终目标都在眼前清晰可见。在着手前，要充满自信，清楚地描绘"未来之路"，事业才会成功。

在创立第二电电（如今的 KDDI）时，我自己对电信业一窍不通，既无经验，亦无技术。开始只能靠着从 NTT 请来的一名干部和追随他的七八名技术工程师，他们辞去了原来的工作，加入了我们京瓷。当时，每周日我都会叫他们来到京都，和我围绕着公司创立而开会讨论，可谓"桃园结义"般的志士聚会。其间，我们充满激情地决定"建立新公司，挑战 NTT 的垄断地位"，并拼命努力地为公司将来的发展进行构思和畅想。

此举在当时属于风险投资，自然有赔个精光的可能性。不必说，如果我在京瓷内部听取意见，譬如找在座的各位干部商量，得到的回应肯定是"别胡闹了！"。也难怪，毕竟当时日本的许多大企业家都认为该事业风险巨大而不敢染指。

但奇妙的是，从那时到现在，我从未为第二电电担心过。

记得当年，我刚以"第二电电"的公司名称向政府申请进军电信业并为此奔忙时，我们京瓷集团突然成了媒体攻击的众矢之的。各种诽谤中伤的报道见诸报端和杂志，而起初支持我创立第二电电的一些人也开始变得人心涣散。此外，由于我成了被攻击的中心，因此当时有一位年轻的财经界友人提议我"暂时辞去（第二电电）会长职务"。

面对友人的提案，我记得时任第二电电社长的森山信吾先生决然反对道："如果这样的话，那我也辞去社长一职。我之所以加入（第二电电），是因为想和稻盛先生一起干，我可不打算和其他人共事。"

虽然处境是那样严酷，但我对于第二电电的前途却没有丝毫不安。这让我自己都感到不可思议。我之所以创立它，首先是"为了全体日本国民"；其次是觉得信息通信是 21 世纪的龙头领域，我们京瓷集团必须跟进；最后是为了给予年轻人梦想和希望。在这样的念头下，加上与刚才提到的那位 NTT 干部的邂逅，当他加入京瓷，并带来愿意追随他的数名年轻技术工程师时，我真正下定决心，将计划付诸行动。

从那时起至今日，我没有丝毫不安，还一直鼓励森山社长。去年 9 月，当第二电电加入公用电话交换网时，我对他说道：

"第二电电会如此这般地发展壮大，然后会在如此这般的时机成功上市，贷款等债务会如此这般地还清，最后会成长为如此这般优秀的企业……"换言之，公司才刚加入公用电话交换网，许多方面还没有头绪，我就和他谈起了上市前的日程表。

但毕竟当时第二电电刚创立不久，公司前景还有许多不明朗因素，为了平复森山先生可能抱有的不安，我还对他激励道："日本有不少精英官僚退任后转到民企任社长等要职，有一种'仙人下凡'般的傲慢。而你则不同，带着一家公司从零开始开创新事业，至今还没有类似的成功先例，因此这虽然是个苦差事，但非常有价值，也是十分光荣之举。"

其实，我和森山先生先前提到的销售数字，如今第二电电每个月都在实现。当然，公司一路走来绝非坦途，甚至可谓步步碰壁，但每次碰壁，我们都会努力克服它、超越它，直至今日。比如当时面临的一大难题是 NTT 交换机，由于我们当时没有这种交换机，即便争取到了客户，也会因为无法接入 NTT 用户数庞大的固有网络，而被客户抛弃。可以说，我们每次打算完成一项任务，就会碰到这样的困难。

推进事业的过程不可能一帆风顺，会遇到各种变数，届时只能认真思考、妥善处理，但关键在于切莫心怀不安，并且要在心中详细描绘成功的图景。虽然流程可能各不相同，但我相信，这对于在座各位的日常工作也有共通的启示意义。

推进事业时，如果心中拥有清晰蓝图，相信"（事业或项目）一定会如此取得进展"，那就等于成功了一半。

反之，如果蓝图不明，每走一步都踉踉跄跄，一旦出现预想之外的课题，则势必无法顺利解决。要想工作或创业顺利，就必须设想洞察全局，要连最终目标都在眼前清晰可见。在着手前，要充满自信，清楚地描绘"未来之路"，事业才会成功。

对于自己手头上的工作或为之奋斗的事业，恐怕大部分人都会抱有相当的不安或疑惑，可谓奋斗之路上的包袱。但要知道，这样势必会导致工作和事业难以如愿。必须不断思考，把所有想不通的问题都理顺，以毫无不安的心理状态构想未来蓝图。

当然，在实现目标的途中势必会遭遇各种状况，但唯有就事论事、各个击破，保持毫无阴霾的开朗心态，才能让事业顺利推进。尤其是身居高位的管理者，倘若心中连自己所管辖的企业或部门的未来蓝图都没有，则势必无法做好运营。"你的公司前景如何""你的总事业部前景如何""你的分支事业部前景如何"……如果对应的管理者答不上来，便是不称职的表现。必须能够当场回答："到了这个时期，（部门或企业）会如此这般，为此，必须这么做；到了那个时期，会如此这般……"只有在脑中拥有这种"生动鲜明的图像"，才算是真正够格的管理者和经营者。

在座各位也要铭记这一点，不管是被问到"每小时附加价值"（京瓷独有的核算指标）还是"盈亏状况"，都要做到能够立即坦然对答，切不可烦躁或抱怨，哪怕一丝都不行。比如"突然这么问，我怎么说得上来""现实情况太难了""都怪日元升值，太亏了"……这样的言辞都要杜绝。因为这样的人无法描绘光明宏伟的未来蓝图。

首先要以坦诚之心接受，再以坚定意志达成。

强烈的个性与坚强的意志看似相近，其实相差千万里。前者属于"我执"，是一种执着心；而后者其实是一种正直坦诚的心境。不管面对何种变化和困难，都能做到岿然不动。此外，坚强不同于顽固，顽固是刚强执着心的体现，有则必须改之。不可顽固不化，要看清客观形势，并以坦诚之心接受事实。

在经营第二电电的过程中，我虽然心中早有未来蓝图，但如果中途情况有变，我也会坦诚接受，然后如实分析现状，思考解决方案。总之，"正直、坦诚且拥有坚强意志"正是取得成功的必要条件。能在心中清晰描绘未来愿景、直至最终目标的，可谓意志超群之人。

（1988年）

42　非成功不可

> 强烈的意志、热情和愿望，唯有这三者兼备，方能成就事业。要想成功创新，心理状态是关键因素。

人们常说"要重视心灵"，我在这里想讲的"心灵"并不艰深晦涩。从小到大，父母和周围的长辈经常教导我"应该如何做人""作为人，何谓正确？"……通过这些简单的道理，便能推导出心灵的重要性。

京都大学的田中美知太郎教授被称为"古希腊哲学研究第一人"。有一天晚上，我和京都的友人聚在一起，请来了田中教授为我们讲解哲学。

我平时老是把哲学挂在嘴边，可却没有正式学习过哲学。在听他讲解时，我提出了一个问题："应该如何理解哲学与宗教的区别？"对此，他答道："追根究底的话，二者确有重合之处，是大致相同的。虽然二者观察研究事物的方式方法完全不同，但它们所追求的终极目标可

　　　　　　　　付出不亚于任何人的努力

谓殊途同归。"而在讨论环节，他还说了一段十分精彩的话："发明和发现的过程可谓哲学领域。而一旦发明和发现取得被证实的理论成果，则归入科学领域。换言之，被证实的理论便是科学，而发明和发现该成果的过程便是哲学。"

换言之，他的意思是"所谓创新，并非完全可以遵循逻辑之举，因其并非科学范畴，而属哲学领域"。

比如，在"天动说"被视为常识的年代提出"地动说"。那时人们还未能证明哪个正确。在那样的环境下提出假设，认为"不是天体绕着静止不动的地球转，而是地球本身在转动"，这样的假设能够解释许多自然现象，但由于当时"天动说"被宗教权威定为真理，因此主张"地动说"会被判亵渎神明之罪。换言之，"地动说"在当时被视为异端邪说，甚至会招来杀身之祸。

创新、发明、发现，进行这些创造性活动的往往是少数派。多数派讲常识，少数派爱独创。而纵观历史，少数派往往在各方面遭受迫害。

而当独创被证明为正确后，其才能成为一般性常识，从而被广泛接受。所以说，我们所知的常识和常理都是前人证实过的成果。而别人不做或还没做的事，便属于难以通过既有理论和逻辑去理解和探明的新事物，因此归于哲学领域。

由此可见，一边说要制造新产品、拓展新市场，一边却求助于市场营销书籍或相关咨询师等既有资源，这种做法无疑是有问题的，是自相矛盾的。

探索新领域属于哲学范畴，势必不可能依靠既有的外在体系，而必须通过自己的心灵去处理。

回到刚才讲的天动说和地动说，在当时无法证明的情况下，相信其他天体在动的人便主张天动说，相信地球在动的人便主张地动说。这完全取决于个人的内心，因此归于哲学领域。换言之，自己是唯一基准。

田中教授的这番教诲令我醍醐灌顶。我虽然没有系统性地学习过哲学，但通过研发工作，我发现哲学是创新时的必要因素。而像他这样的哲学泰斗居然间接证明了我一直以来的观点是对的，这令我甚为欣喜。

若不创新、不做他人未做之事，企业便无法发展壮大。但既然是新事物，便不存在既有市场。换言之，这等于是要卖没人卖过的东西。要想卖出去，光靠在货架上一摆自然行不通。打开销路不是个技术课题，而是个心灵课题，必须有强烈的意志和热情。

强烈的意志、热情和愿望，唯有这三者兼备，方能成就事业。"希望如此""应该如此"的意志，会通过每个人的灵魂向周围传达和放射。我希望在座的各位也记住这一点，会度过怎样的人生，全由每个人自己的心念而定。

同理，在涉足新事业、研发新产品时，成功与否取决于各位意愿的强烈程度，取决于各位克服困难的意志如何。而这一切，皆是各位自身心境的反映。

如果心灵即灵魂，则意志便由灵魂直接驱动。所以说，如果参与或从事某项研发是出于"偶尔参与"或"顺便效仿"等意志不足的动机，则绝对无法取得成功。

为了自己的工作、事业和员工的未来，无论如何都要成功，必须具备这种发自灵魂、排除万难、身先士卒的强烈意志。如能以这样的心态投入创新，则基本都能马到成功。

在我们京瓷的研究所，如果研发 10 个项目，就必须成功 10 个项目。而当我和其他大企业的社长谈到这一点时，常常被对方嘲笑。他们会说："怎么可能?！10 个研发项目里有两三个成功就已经很不错了，绝大部分企业皆是如此。可你居然说 10 个项目都要成功，简直是痴人说梦。"他们虽然这么看，但我坚信，只要心态到位，必能成功。

当我们京瓷还是中小微企业时，如果 10 个研发项目里只能成功两三个，那公司根本无法维持下去。在"借债缺人"的情况下，研发必须百分之百成功。

多年的创业和经营使我明白，在缺乏资源和人才的情况下要想成事，就必须依靠人所拥有的最强武器——心灵，因此心态是关键。在我看来，能否创新成功，心态是左右其结果的关键因素。

（1981 年）

总

结

　　企业家扛起自己分外的责任努力奋斗，在面对经济动荡时甚至挺身而出，换来的是众员工的希望和生活保障，于是获得他们的信赖和尊敬。在我看来，这种为他人创造喜悦、受他人真心感谢的活法是不能用金钱替代的。而这样的人生，才是最为美好的，才是值得为其付出辛劳的。

　　在充满变数的大环境下经营企业愈久，便愈能切身体会到"经营不容一刻懈怠"。倘若企业经营本身出现失误或产生问题，那经营状况自然会恶化。可有时即便经营状况保持良好，企业还是会由于毫无干系的外在经济变动（比如日元升值）而受到猛烈冲击。所谓经营，便是要在这种充满变数的激荡环境下，让企业保持稳定发展。换言之，即便企业内部机制完善，可一旦由于日元升值等外部因素而出现巨大赤字，则企业家依然要被问责。只要经营企业，便与"高枕无忧""一劳永逸"这些词无缘了。

尤其像我们京瓷这种把"追求全体员工物质和精神两方面的幸福"作为第一主旨的企业，不管遭遇何种环境，都必须把守护员工视为首要任务。为了如此尽职尽责，不容丝毫托词和借口。鉴于此，不得不让人再次感叹经营企业之不易。

今天在座的各位都是各业务部门的经营负责人，想必对我的话感同身受。

责任重大、片刻难歇，这样的紧张状态是每日常态，且一直持续。这便是企业家的宿命。我觉得除了经营企业外，应该再没有如此严苛的工作了。背负着众多员工将来的命运，越是认真思考，越是仔细琢磨，就越觉得这份工作划不来。

企业家必须时刻保持紧张、集中精力，贯彻这种严苛辛劳的活法，但却无法获得与之对等的报酬。但企业家每天扛起自己分外的责任努力奋斗，在面对经济动荡时甚至挺身而出，换来的是众员工的希望和生活保障，于是获得他们的信赖和尊敬。换言之，企业家等于在行

付出不亚于任何人的努力

善为善，而这种善举能让行善者感到宽慰和满足。

在我看来，这种为他人创造喜悦、受他人真心感谢的活法是不能用金钱替代的。而这样的人生，才是最为美好的，才是值得为其付出辛劳的。

（1987 年）

备注·出处一览

本书内容出自稻盛资料馆所收藏的稻盛和夫先生的演讲讲话记录，我们从中精心挑选出与"领导才能"相关的内容，加以摘录，收录于本书中。对于标题和摘要等部分，我们进行了一定的补充和修改，最终编撰成本书。各演讲及讲话的出处（年、月、日及当时的会议或活动的名称等）如下所示。

1. 1991 年 1 月 18 日　京瓷经营方针发表会

2. 1984 年 10 月 28 日　九州经济同友会大会

3. 1984 年 2 月 6 日　京瓷八洲（YASHICA）光学事业总部营业所
　　　长培训会

4. 2006 年 2 月　京瓷内部刊物《敬天爱人》卷头语

5. 1993 年 8 月 25 日　盛和塾仙台·山形塾长共同例会

6. 2010 年 9 月 8 日　盛和塾第 18 回全国大会

7. 2013 年 4 月 24 日　论谈塾

8. 2008 年 7 月 17 日　盛和塾第 16 回全国大会

9. 2008 年 7 月 17 日　盛和塾第 16 回全国大会

　　　　　　　　　付出不亚于任何人的努力

10. 2008 年 11 月 17 日　《京瓷创立 50 周年纪念影像》采访

11. 1982 年 5 月　京瓷内部刊物《敬天爱人》卷头语

12. 2002 年 11 月 28 日　ATTACKERS 商学院

13. 1993 年 8 月 26 日　盛和塾札幌塾长例会

14. 1983 年 8 月 24 日　京瓷 KEK 营业所负责人培训会

15. 2008 年 7 月 8 日　《京瓷哲学手册Ⅱ》读书演讲会

16. 1991 年 12 月　京瓷内部刊物《敬天爱人》卷头语

17. 2007 年 9 月 19 日　盛和塾第 15 回全国大会

18. 1992 年 4 月 6 日　盛和塾神户·播磨塾长共同例会

19. 2008 年 7 月 5 日　京都"鹿儿岛县人会"

20. 2001 年 9 月 21 日　大和证券"秋季集团部门店长会议"

21. 1991 年 3 月 29 日　京瓷大学定期招聘大学应届毕业新员工入
　　　　职仪式

22. 2008 年 1 月　京瓷内部刊物《敬天爱人》卷头语

23. 2008 年 1 月　京瓷内部刊物《敬天爱人》卷头语

24. 1984 年 9 月 21 日　京瓷骨干干部培训会

25. 1982 年 4 月 3 日　盛和塾滋贺·福井塾长共同例会

26. 1993 年 1 月 13 日　京瓷经营方针发表会

27. 2007 年 10 月 20 日　GFE 集团交流学习会

28. 2008 年 4 月 9 日　盛和塾全国各地负责人大会

29. 2004 年 2 月 29 日　盛和塾 USA 分部成立仪式

30. 2005 年 9 月 8 日　盛和塾关西地区塾长共同例会

31. 2008 年 11 月 7 日　《京瓷创立 50 周年纪念影像》采访

32. 1984 年 2 月 6 日　京瓷八洲（YASHICA）光学事业总部营业所长培训会

33. 1981 年 5 月 14 日　京瓷主任·技师晋升者培训会

34. 1999 年 8 月 2 日　盛和塾九州地区塾长共同例会

35. 1989 年 10 月 2 日　盛和塾京都塾长例会

36. 1981 年 8 月 6 日　神户青年会议所"夏季经营研讨会"

37. 1995 年 7 月 20 日　京都商工会议所"经营讲座高层研讨会"

38. 2001 年 8 月 30 日　京瓷第 7 次北美 TEAM 研讨会

39. 1989 年 12 月 18 日　盛和塾京都塾长例会

40. 2007 年 12 月 7 日　《京瓷哲学手册Ⅱ》读书演讲会

41. 1988 年 12 月 13 日　京瓷第 14 回"国际经营会议"

42. 1981 年 8 月 6 日　神户青年会议所"夏季经营研讨会"

43. 1987 年 6 月 9 日　京瓷第 11 回"国际经营会议"

付出不亚于任何人的努力